図解入門
ビジネス

Shuwasystem Business Guide Book

How-nual

最新 **ロジカル・シンキング**が**よくわかる本**

仕事に役立つ問題解決手法入門

今井 信行 著

秀和システム

はじめに

　筆者は、必ずしも論理思考力を駆使して、商社マン10年、経営コンサルタント45年余を過ごしてきたわけではありません。むしろ、論理思考の必要性を痛感し、業務を通して必死に論理思考力を身に付ける努力をしました。その過程で、「ロジカル・シンキングやクリティカル・シンキングの手法を用いれば、論理思考を業務に活かせる」ことを発見しただけでなく、ロジカル・シンキングそのものが論理的な思考力を身に付けるための強化ツールであることも発見しました。

　そして、この体験をもとに、本書の初版にあたる『図解入門ビジネス ロジカル・シンキングがよ〜くわかる本』を刊行し（2006年）、読者の皆様からは、温かかったり、厳しかったりと様々ですが、いずれも真摯なコメントをいただきました。心より感謝いたします。そのことが原動力となって、このたび、秀和システム社のご協力により、内容のいっそうの充実を図り、本書を上梓することとなりました。

　経済のグローバル化のもと、日本の国際競争力の相対的沈下が長引いています。技術や経営の進歩も日進月歩どころか秒進分歩となり、スピーディーな対応ができなければ競争に勝てない時代となっています。力のない企業は生き残れず、大手企業の倒産すら珍しいことではなくなってきました。業務も従来の延長線上ではやっていけなくなりました。そうした中、事業を抜本的に見直す企業も増えています。

　"光"速化の時代には情報流（情報の流れ）も速く、経営環境もめまぐるしく変化し、従来の経験だけでは適切な判断ができないほどです。競争も激化する中で、経営の高度化・複雑化がいっそう進んでいます。一瞬の判断の遅れは企業に致命的なダメージをもたらします。

　さて、グローバル化に対応するため、海外から人材を登用する企業も増え、求められる人物像も、会社への帰属意識、協調性などの伝統的な観点から、グローバル対応のできる人材へとシフトしています。

かつての企業組織とは異なる多様なスキルが必要な時代になりました。私たちはビジネス環境の変化、情報の氾濫や市場変化のスピードに追随して、すばやい意思決定をすることが求められているのです。

　グローバル化や人材の流動化によって、文化や思考方法の異なる人に接する機会も増え、スムーズなコミュニケーション能力はもとより、グローバル経済に通用する思考方法も必要になってきています。

　このような"光"速社会では、企業のマーケティング的発想やそれに基づく営業戦略の重要性が見直されています。ビジネスパーソンはもちろん、家庭の主婦や学生までもが、従来の発想や方法論・生き方では通用しなくなってきているのです。情報収集力、状況分析力、企画提案力、プレゼンテーション力、ネゴシエーション力などを基礎としつつ、創造性や新規性に富むプラスアルファのスキルが必要なのです。

　こうした時代を生き抜くためには、ロジカル・シンキングで論理思考力と発想の瞬発力を強化するとともに、そこから生まれる豊かな発想について、関係者の理解や納得が得られるような高い表現力やコミュニケーション力を身に付けなければなりません。

　これまでロジカル・シンキングの重点は「問題解決」「ソリューション」に置かれていましたが、本書では「コミュニケーション」という観点に重点を置いています。とはいえ、ロジカル・シンキングが問題の解決に大きな威力を発揮するスキルでありツールでもあることは間違いありません。そちらに関しては、本書の姉妹書『図解入門ビジネス クリティカル・シンキングがよ～くわかる本』で詳説しているので、併読していただければと思います。

　本書の第1章と第2章では、論理思考力を高めるために、ロジカル・シンキングに欠かせない基本的な思考法と手法を紹介しています。

　第3章では、ロジカル・シンキングにはどのようなツールがあるのか、そしてそれらの効果的な使い方について詳説します。

　第4章以降では、ロジカル・シンキングを実務にどのように活かすか、とりわけコミュニケーションを論理的かつ効果的に進める方法を説明します。

単なる読み物としての「ロジカル・シンキング」ではなく、実務に用いながら論理思考力を高められるように、「思考しながら体得する」というコンセプトで解説していきます。

　本書では、読者の皆様にロジカル・シンキングの手法を実際に使いながら体得していただくため、できるだけわかりやすい言葉（表現）を用いるほか、可能な限り多くの図版を用意して視覚的にもイメージしやすいように工夫しました。

　なお、本書の改訂にあたっては、「実務に活かせるロジカル・シンキングの体得」という視点から、経営コンサルタントとして永年活躍してこられた、日本最古の経営コンサルタント団体「日本経営士協会」会員の酒井闊、稲葉隆治の両先生にもご協力いただきました。この場をお借りして感謝申し上げます。

　読者の皆様がロジカル・シンキングを身に付けてますます活躍されることを祈念しております。

2023年3月　今井信行

●表記について

本書では、文意を正確にお伝えしたいという意図から、次のように表記します。

・質問をしたり、尋ねたりする意として「訊（聞）く」

・積極的に耳を傾ける意として「聴（聞）く」

「訊く」は常用漢字外となりますが、ご了承ください。

図解入門ビジネス

最新ロジカル・シンキングがよくわかる本

第 ① 章

ロジカル・シンキングの基本と思考基本

「ロジカル・シンキング」というと難しく感じるかもしれませんが、ビジネスパーソンの皆さんは、すでに何らかのかたちでロジカル・シンキングを使っているはずです。

ここでは、ロジカル・シンキングとは何か、なぜロジカル・シンキングが求められるのか、その基本的な理解を「思考基本」という視点で解説します。

ロジカル・シンキングが何かを知れば怖くない

「幽霊の正体見たり、枯れ尾花」といいます。何事でもそうですが、人は知らないことに対しては不安となり、ときには怖気付いたりしてしまうものです。
ロジカル・シンキングも同様です。それが何かということがわかり始めると、「何だ、すでにやっていることではないか」と気が付きます。でも、そこで安心しないでください。体系的に学ばないと、ロジカル・シンキングもどきの自己流になってしまいかねません。

◇ ロジカル・シンキングの必要性と意義

　急速な環境の変化に対応するためにシステムや企業形態の変更などの対策をすると共に、その企業で働いているビジネスパーソンの変化（進化）も求められています。皆さん自身もそのことをすでに肌身に感じていて、何らかのかたちでロジカル・シンキングの存在を知り、それを身に付けたいと思っているのではないでしょうか。

　日本では昔から、「腹芸」などのように、言葉にしなくても相手に理解してもらえる「以心伝心」ということがいわれてきました。ところが、いろいろな分野で境界や垣根がなくなってきたグローバルな時代には、外国から異文化、異宗教など、様々な考え方がストレートに入ってきます。このような時代には、旧態依然としたやり方、発想法は通じないのです。

　論理思考で、信頼できる分析をし、進むべき方向（課題）を明確化し、それを活用して時代の潮流をつかんだ上で、実務に活かす必要があります。ロジカル・ライティングやロジカル・プレゼンテーションなど、論理思考に基づく文書・資料の作成や、情報管理のウエイトも高まっています。その際、ロジカル・シンキングの「全体最適」というのが原則として前提となります。

　スピード経営の時代といわれ始めて久しく、稟議など日本型の多段階にわたる意思決定法に固執しない経営が求められています。そういった経営を管理会計によって支援する仕組みも必要です。管理会計では「ロジカル・シンキング・ツール」と呼ばれるロジカル・シンキングの基本的なツールを使うスキルが求められますし、管理会計による意思決定にもロジカル・シンキングが不可欠です。

　ロジカル・シンキングを理解し、身に付けて実際に使えるようになれば、ビジネスパーソンにとってすばらしい武器になります。ロジカル・シンキングは、ビジネスシーンのあらゆる場面に応用できる重要な思考法なのです。

　ビジネスパーソンにとって現代は、「新しい激動の時代に備えて新しいスキルを身に付け、さらなる成長をとげられるかどうか」が問われる時代です。よって、企業を支える個人の成長が止まったとき、その企業は時代に淘汰されてしまうでしょう。現代の社会では、自分自身の成長をストップさせてしまうことは自殺行為だともいえます。

　ロジカル・シンキングはビジネスだけではなく、日常生活にも活かせます。ロジカル・シンキングを身に付ければ、生き方や人生さえ変えられるということも付け加えておきます。

ロジカル・シンキングの必要性

◇ 論理的とは、ロジカル・シンキングとは

　論理思考や問題解決手法というと、伝統的思考法として弁証法、問答法、三段論法、演繹法と帰納法など、そしてビジネスパーソンなら経験する機会も多いブレインストーミング法やKJ法など、いろいろとあります。

　ロジカル・シンキングは、これらの伝統的な思考法を包含する、論理思考法の1つであり、そのトレーニング法でもあります。

　ロジカル・シンキングとは、文字どおり「論理的な思考法」のことです。ロジカル（Logical）とシンキング（Thinking）には、それぞれ次のような意味があります。

Logical　：論理的な、論理学の、必然の

Thinking　：考えること、思考、意見

　日本語としては「論理思考」などと訳されていますが、Logicalという言葉の意味から、「必然的な思考」とも訳せます。私たちが身に付けておくべきスキルの1つといえます。

論理思考の定義

「論理的」とは

事実に立脚　　明確な根拠　　継続的展開

論理思考 ▼

求める果実

客観性ある独創的結論

関係者最適・全体最適

わかりやすさ・信頼性・納得性

では、「論理的 (Logical)」とはどのようなことなのでしょうか?

　間違った情報をもとにした思考では論理的とはいえません。論理的であるためには、「事実に立脚」していることが肝要です。しかし世の中には、「事実と思えても事実ではない」ということがしばしばあります。TVドラマの刑事モノでは「現場百遍、ウラをとれ」というフレーズがよく出てきますが、何事も「明確な根拠」が必要です。また、一度だけの現象では、再びそれが起こるかどうかわかりません。「継続的展開」があることが必要です。

　「事実に立脚」「明確な根拠」「継続的展開」という論理的3要素が揃った上で思考します。その際に間違った思考方法をとると結果の信頼性が低くなるため、「論理的」というのは、思考で得られた果実に「客観性がある」ことが不可欠です。その結果として、「独創的である」という副次効果も得られやすくなります。

　ただし、思考結果が「部分的」によい効果をもたらすというのではなく、「全体最適」であり、その結論が信頼でき、関係者が理解・納得できなければなりません。すなわち「論理的」というのは、

> 明確な根拠を持ち、定常的に発生する事実に立脚した、各種の要因・要素を、筋道が立つように、もれなく、重複なく、曖昧さを排除し、単純化・体系化して、わかりやすく整理し、全体を俯瞰的に捉え、客観性や独創性があり、全体最適性を持ち、より的確な判断や結論を導き出し、関係者の納得・協力・行動を得られて成果につながる思考

と定義付けられます。

　ロジカル・シンキングは、信頼できる結論を導き出す手段なのです。

　この論理性を備えた思考方法であるロジカル・シンキングとは、

> 各種の要因・要素をモレなく、重複なく整理し、構造化することで、全体を捉えて、ある事象間に存在する法則的な筋道を見いだし、より的確な判断や解決策などを導き出して、関係者の納得を得やすくするための発想手法

といえます。

ロジカル・シンキングという武器を手に入れる

Hint　ロジカル・シンキングが身に付くに従って、話し方など表現力に論理性が伴ってきます。その結果、自信を持って話したり書いたりできるようになるでしょう。

「Why（なぜ）？」ということを常に意識して、ものごとの根底にあるモノを追求しましょう。相手が言ったり、何かを読んだりしたら、「何を言いたいのだろう」という疑問を持つことが大切です。

◇ ロジカル・シンキングを習得するには

●課題

　ある問題を解決しなければならない場面に直面したと仮定しましょう。あなたはその問題をどのように考え、解決策を見いだして行動に移しますか？　ロジカル・シンキングを身に付けている場合とそうでない場合とで、その行動がどうなるかを考えてみてください。

　ロジカル・シンキングは、それがどのようなものなのかを理解できないうちは、大変高度なスキルであるかのように誤解されがちです。しかし、決して特別な人のためのスキルではありません。確かに一朝一夕にして習得できるスキルではありませんが、一方で、ロジカル・シンキングはスポーツと同様、基本の繰り返しで身に付くスキルでもあります。しかも、単なるスキルではなく、そのスキルを磨ける"道具"でもあるのです。

　「Whyを5回繰り返す」という名言があります。ロジカル・シンキングでは、Whyから始めて、疑問を持ったら、それにロジカル・シンキングで取り組んでいくことで、自然と論理思考力が高まっていきます。

　このとき重要なのは「脱自己流」ということ、つまり**正調派論理思考入門法***を日常の業務や生活の中で利用し続けることです。

　正調派論理思考入門法とは、思考する際に、ロジカル・シンキングの**思考基本***をベースにしながら、適切な**思考手法***を選択して利用することの繰り返しです。そして、選択した思考手法に即した思考用具、すなわちロジカル・シンキング・ツールを使って思考を続けていくことです。

　基本的な思考法である思考基本と、「いかに発想すれば論理的になるか」という思考手法を身に付ける必要があります。そして、「論理的な思考」と「望ましい結果」との架け橋の役割を果たすのが**思考用具***（**ツール**）です。

　この3つを日常的に業務などに活用することを通して、論理思考を身に付けていきます。

＊**正調派論理思考入門法**　原則重視の論理的な思考法。　　＊**思考手法**　詳細は本文21ページ参照。
＊**思考基本**　詳細は本文21ページ参照。　　＊**思考用具**　詳細は本文21ページ参照。

◈ ロジカル・シンキングの体得で目指すところ

　日常のコミュニケーションにおいて「相手の話が理解できない」、「自分の話をわかってもらえない」という問題の多くは、論理展開がうまくいっていないことに起因します。筆者がかなり頻繁にコミュニケーションをとる人の中に、話をすると大変疲れる人がいます（仮にＡさんとします）。

Ａさん	「先生に言われたこと、やっておきました」
私	彼にはいくつか指示を出しているけれど、今日が締め切りの件かな……。
私	「どの件だっけ？」
Ａさん	「山田さんの分析の件です」
私	山田さん？　どこの会社の山田さんだったかな……。
私	「どこの会社の山田様の件？」
Ａさん	「ウチの秘書の山田さんに依頼していたＭ社の担当者別・商品別のマトリックス分析が上がってきましたので、来週、Ｍ社に説明に行ってこようと思っています」
私	そういえば、Ｍ社さんの売上伸張率が落ちているという報告を聞いていたな……。
私	「Ｍ社の営業部長さんにお会いできるんだね。それはご苦労様」
Ａさん	「部長さんのアポイントはまだとれていないのですが、説明は早いほうがよさそうですので」

　このような調子で、聴き手としては何の話かわかるまで、相手の言葉をいろいろと推量し、解釈しなければなりません。Ａさんは、自分の頭の中がＭ社さんのことでいっぱいなので、つい、具体的な事項が口をついて出てしまうのでしょう。

　本筋からすると枝葉末節的なことから話したり書いたりしたのでは、相手は「何のことなのだろう？」と斟酌（しんしゃく）しなければなりません。「何について話すのか」という全体像を最初に示すことの必要性を理解し、そのやり方を自分のスキルとして身に付けておかなければ、相手に理解してもらうことはできません。

ロジカル・シンキングが目指すこと

●適切な状況把握
・最適な手段による客観的分析
・適切な分析に基づく、事実重視の思考

●適切な解決策
・決定事項が一義的で曖昧性がない
・多数の関係者が納得できる方策
・課題解決策がスムーズに、
　スピーディーに進められる

●適切な進捗管理と好ましい結果
・限られた経営資源内で最大の結果を生み出す
・目的やマイルストーンが明確で目標意識が高まる
・ベクトルが統一されて、組織的に取り組める
・過程に透明性があり、進捗状況がわかる
・次のステップへの予測が立てやすい

会話の場合は、「○○の件ですが……」と最初のひと言をまず発し、その概要を相手にわかってもらえるように集約してから話します。

文書などの場合には、最初にアウトラインを簡潔に記述します。「あの件」などと代名詞を用いたり、抽象的な表現をしたりせず、事実や具体的な事例をもとに説明することが基本です。

そして、事象や事例は、裏付けがとれていなければなりません。事例を挙げるときは、情報源を示すなどで裏付けがとれていることを明示し、相手への説得力を高めるようにします。

論理思考ができる人は、基本を大切にし、俯瞰的にものごとを見ます。論点が明確であれば、論旨にブレがなくなるからです。俯瞰すれば、自分がどの位置にいるかをイメージでき、筋の通った話し方や書き方ができるのです。

◇ ロジカル・シンキングはどんなときに使うのか？

　それでは、ロジカル・シンキングはどのようなときに使い、どのようなことができるのでしょうか？

　ロジカル・シンキングは、混沌とした問題・課題を整理・分析し、それをもとに意思決定や方向付けをして、プレゼンテーションで相手の理解を得て、**問題・課題**を解決することに役立ちます。

　すなわち、混沌とした問題・課題について最短ルートで最適を求め、好ましい結論を導き出すことができる手法、それがロジカル・シンキングなのです。

　最短ルートというのは、必ずしも"簡単に"とか"短時間に"という意味ではありません。最適解を求めるために問題・課題に応じた方法で思考することで、逆に時間や手間がかかったりすることもあります。

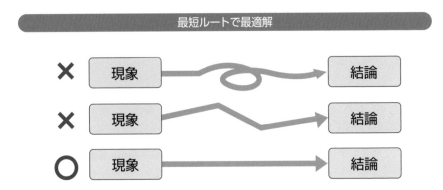

　ロジカル・シンキングは、①整理・分析、②プレゼンテーション、③問題解決、④意思決定、⑤ロジカルコミュニケーション——など、いろいろな用途に使えます。

　従来の問題解決手法でもこれらを行うことは可能ですが、ロジカル・シンキングには、知識や情報を体系的に整理でき、思考過程の可視化ができ、結論を出しやすい、といったメリットがあります。

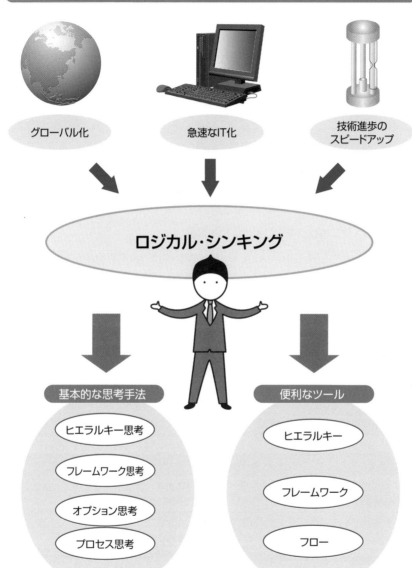

社会背景とロジカル・シンキング

グローバル化

急速なIT化

技術進歩の
スピードアップ

ロジカル・シンキング

基本的な思考手法

ヒエラルキー思考

フレームワーク思考

オプション思考

プロセス思考

便利なツール

ヒエラルキー

フレームワーク

フロー

◇ ロジカル・シンキングで行動はどう変わるか

　では、ロジカル・シンキングが身に付いている場合とそうでない場合とでは、私たちの行動はどのように異なるのでしょうか。

●ロジカル・シンキングを身に付けていない場合

　論理的・体系的ではない発想となってしまいます。顕在化している表面上の問題を真の問題や課題だと誤解し、その誤解に基づいて解決策を考えてしまいます。マイナス思考をしたりデータを無視したり、といった状況下で判断することにもなり、結果としてピントが外れてしまい、何の解決にもつながりません。

●ロジカル・シンキングを身に付けている場合

　情報の整理方法が体系化されているので、それを用いて分析した結果も論理的です。適切なロジカル・シンキング・ツールを選定し、そのツールによる分析をベースにすれば、問題に対する適切な判断、最適な思考方法の選択ができます。

　会話や文書作成なども論理的かつ体系的に行えるため、相手の理解や納得を得やすくなります。そのことが自信となって、プラス思考ができるようになり、発展的な方向を目指せるようになります。わかりやすく整理して分析することで、問題の原因（本質）を的確に見いだして、より早く解決策を立案し、行動に移せます。

ロジカル・シンキングと非ロジカル・シンキング	
非ロジカル・シンキング	ロジカル・シンキング
マイナス思考、ネガティブ思考で、後ろ向きの結論を導く。	**プラス思考、ポジティブ思考**で、挑戦的で前向きな行動。
データ軽視で、データ分類が雑、判断基準が不明確。	データ重視で、分析に基づき、総合的な判断をする。
表面的な現象に左右され、感覚的な判断をするため、モレや重複が多発する。	方針が明確で、MECE（1-3節参照）を重視し、手順を踏んで判断する。
直感が活かされ、結論を導くのにあまり時間がかからない。	手順が明確ではあるが、結論を導くのに時間がかかるという欠点を持つ。
非論理的な判断が中心であり、検証や証明が理解されにくい。	検証や証明が**論理的**で、相手の納得を得やすい。

　ロジカル・シンキングを「身に付けていない場合」と「身に付けている場合」とでは、問題解決のプロセスおよび結論・結果が明らかに違うのがわかるでしょう。

> **Hint**　話したり書いたりする際は、主語や目的語をできるだけ省略しないようにしましょう。表現が多少くどくなることもありますが、ものごとを体系的に表現しやすくなり、そのことが論理思考力の向上にもつながります。

◇ ロジカル・シンキングの体系を知る

　ビジネスパーソンでしたら、ご自身の部署で抱えている問題をテーマにして考えてみてください。例えば、あなたの部署がパソコン販売部門で、スマホやタブレットなどに押されてパソコンの売上が落ちているとします。

　「なぜなのだろう」「売上内容や費用の使い方を見てみよう」など、日常的であったり当たり前であったりするような素朴な疑問も含め、効率的・効果的に解決しようとするのがロジカル・シンキングです。

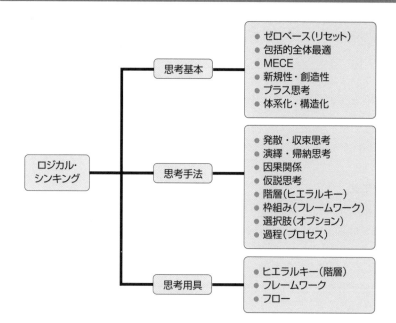

ロジカル・シンキングの体系

　まず、思考基本や思考手法などを理解し、ロジックツリーや単純マトリックスなどの代表的な利用法といったエントリーコースを習得して、実務で使いながら経験を重ねていくことで、論理思考は自然と身に付きます。

　ロジカル・シンキング習得の近道は、まずその全体系を把握し、体系に沿って理解を深めていくことです。

　本書では、まず「思考基本」「思考手法」「思考用具」というロジカル・シンキング攻略の3項目を理解し、体得していくことをおすすめします。

❶思考基本

　ロジカル・シンキングに限らず思考する際の基本です。

　例えばゼロベース（リセット）などは日常会話でもよく使われます。思考にあたっての基本です。ロジカル・シンキングは、特別に目新しい思考法というより、すでに日常的になっている手法も多く含んだ体系なのです。

　「MECE（ミーシー）」のようなあまり聞き慣れない用語も出てきますが、その意味するところは、「当たり前」といってよいような公知の内容であることが多いのです。

❷思考手法

　思考をするときには、漠然と考えるのではなく、テーマや内容、目的などに合った思考の仕方、すなわち思考手法を選択します。思考手法は大きく2つに分類されます。

　その1つは伝統的思考法です。中でも「発散・収束思考」「演繹・帰納思考」「因果関係」「仮説思考」がよく利用されます。もう1つはロジカル・シンキング的な思考法です。本書では代表的な4つの手法である「階層（ヒエラルキー）」「枠組み（フレームワーク）」「選択肢（オプション）」「過程（プロセス）」について紹介します。

❸思考用具

　思考用具は、単に「**ツール**」と呼ばれることが多いです。ロジカル・シンキング専用のツールというものがあるわけではなく、思考用の一般的なツールを主に用います。「ヒエラルキー」「フレームワーク」「フロー」という3つのタイプのツール群です。

　例えば、経営戦略の基本である「3C」とか、マーケティングでよく使われる「マーケティングの4P」、「ファイブフォース（5F、5つの力）」など、おなじみのツールが出てきます。ただし、ロジカル・シンキングらしい視点で利用するところが異なります。

　ロジカル・シンキングを早く習得するには、以上のような体系を把握し、テーマなどに即した最適の思考手法や思考用具を、思考基本とあわせて利用するのが基本です。

　ロジカル・シンキングは、スポーツなどと同様に繰り返し使うことが大切です。月並みな言葉ですが、「習うより慣れよ」の精神で取り組んでください。

> **Hint**　ロジカル・シンキングの習得により、スムーズなコミュニケーションが可能になります。
>
> 　高度なテクニックを学ぶことも大切ですが、まずは「思考基本」「思考手法」「思考用具」を身に付け、それらを意識的に日々のビジネス実務や生活に活かすようにしましょう。

論理思考の目的

②
思考基本…
ゼロベース思考（リセット思考）

「原点に戻れ」「白紙に戻して検討せよ」ということを筆者はしばしば発言したり書いたりします。これはロジカル・シンキングのゼロベース思考に相当します。ロジカル・シンキングのスタートは、既成概念にとらわれすぎないことです。

◇ ゼロベース思考とは

「先入観」という色眼鏡をかけた状態で見たり考えたりした結果、誤った判断をしてしまった……という失敗の経験はないでしょうか。過去の「成功体験」に引きづられてしまうということもしばしば耳にします。

こういった、誤判断の原因となるものを払拭するのが、「**ゼロベース思考**」「**リセット思考**」といわれるものです。

頭の柔軟度を測るゲーム（パズル）として、**ナインポインツゲーム**という頭の体操があります。

●課題

右図の9つの点をすべて通るように、4本の直線を、しかも一筆書きで書いてください。制限時間3分です。チャレンジしてみてください。

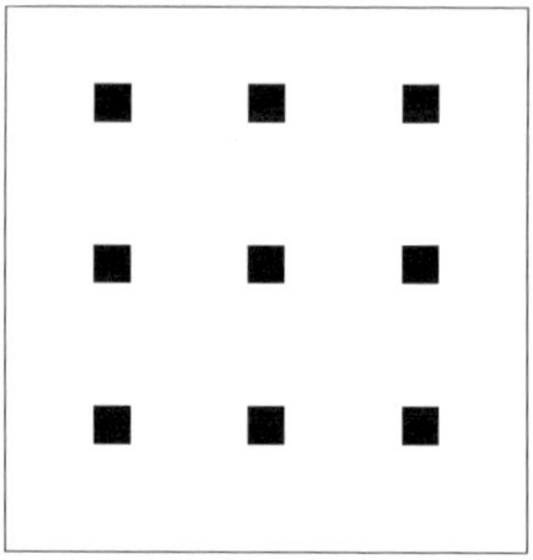

これは有名なゲームですので、よそでご覧になった方も多いと思いますが、ロジカル・シンキングの本質を示唆するゲームだと思いますので、答えを知らない方はぜひ解いてみてください。

ゼロベース（リセット）思考とは、どんな思考法なのでしょうか？

これは、文字どおり「既成概念をすべて取り払い、ゼロ（白紙）の状態にしてものごとを考える思考法」のことです。

例えば、ビジネスシーンでは「改善」「改革」という言葉をよく耳にしますが、この2つはずいぶん意味が違います。「改善」とは、いままでの延長線上に答えを求めて、現状の問題点を修正したり、改良したり、効率化を図ったり、その他いろいろな試みをすることです。

一方、「改革とは破壊なり！」といわれるように、「改革」はこれまでのすべてを一度リセットして（ゼロに戻して）、新しく再構築することです。この「改革」は、ゼロベース（リセット）思考の一例だといえるでしょう。

●事例

同じ会社に勤務するAさんとBさんという2人がいます。AさんとBさんは、社長から直々に、次のテーマを与えられました。

「社内活性化のため、いままでにない新しい形態の社内プロジェクトチームを作りたい。その立ち上げの責任者になってほしい。そして、そのチームの運営も一貫してやってもらいたい。返事は3日後にくれればいい」

AさんとBさんはそれぞれ考えました。

Aさん：やったことはないけれど、やってみようかな。どうしたらできるか考えよう。よし、いまから「やります！」と言ってこよう。

Bさん：どうしよう……。でも、やったことがないので断ろう。断りづらいなあ。返事は期限ぎりぎりにしよう……。

Aさんは、過去の常識や経験の枠を超えて、「どうすればできるか」と論理的に考え、すばやく行動を始めています。

一方のBさんは、いままでの経験に固執し、「やったことがない」と可能性を否定して、深く考えようとしません。また、その後の行動も遅いです。

どちらが会社にとって有用な社員といえるでしょうか。

考えの枠、行動の枠

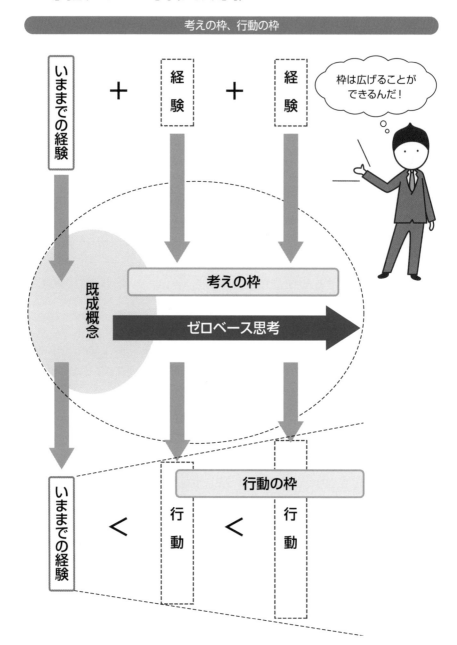

　目的（プロジェクトチームの立ち上げと運営）の達成方法を考える以前に、経験もなくてやれそうにないからやめておこう、という考えのBさんに対し、やったことはなくても目的を達成するための具体的な行動にたどり着こうとするAさんの考え方こそ、まさにゼロベース思考だといえます。

　本文24ページで紹介した「ナインポインツゲーム」でも、9つの点が存在する狭い範囲で考えていると、なかなか解が出てきません。しかし、「点が存在する範囲」という枠、すなわち既成概念にとらわれるのではなく、例えば「大きな紙の中央に9つの点がある」というように「点が存在する範囲」を広げてみると、既成概念を取り払えます。

　四隅にある点を「範囲」の限界と見なさなければ、枠の外に線が飛び出すことにも躊躇しなくなり、解を見いだすことができるでしょう（解は複数あります）。
　シンプルなゲームですが、自分自身のふだんの思考パターンに気付かせてくれる、よくできたゲームです。
　人には、考えの枠、行動の枠というものがあります。考えの枠とは、いままで自分自身が経験した中で形成された既成概念のことをいい、それをもとにした行動はおのずと限定されたものになります。
　9つの点の外側のスペースを利用する——といった、いままでやったことのない試みを初めて行うときは、ある種の勇気が必要となります。しかし、その勇気のかなりの部分は論理的な裏付けに基づいていると思われます。皆さんの行動も、ゼロベース（リセット）思考になればなるほど変わってきます。

> **Hint**　先ほどの「ナインポインツゲーム」はいかがでしたか。すんなりわかった人、頭をひねりにひねって……という人、答えは後述するので参考にしてください。
> 　このゲームは、子供などのほうが意外にすんなりとできたりするものです。

◇ なぜゼロベース思考ができないのか

　私たちは、常識とか習慣にとらわれて、それに引きずられてしまいがちです。

　「慣れ」、または既存の「枠」とは恐ろしいもので、状況がいかに変化しようとも、「これが普通」「これが当たり前」と認識した時点で、思考は止まり、ゼロベース思考はできなくなります。

　過去の成功体験や自社・自部門の常識にとらわれて、その経験や知識に基づいた思考しかできない場合、枠の外の解決法を見落としてしまいがちです。ゼロベース思考とは、このような自分たちの常識や既成概念をいったんリセットし、白紙に戻した上で、考える枠を広げて新しい可能性を求める思考方法です。

　私たちを取り巻く環境は急速に変化しています。激動期にあって、従来の枠という「檻」の中に閉じこもっていては、新たな成長も望めないでしょう。既成概念や常識にとらわれ、深く考えることなく、反射的に答えを出すのは大変危険です。私たちは、問題に反射的に対応しているだけ、ということが多いものです。原因を追究して具体的な解決策を考えようとするより、「いままでもこうだったから」という既存の枠から答えを導いてしまっているのです。頭では理解できているつもりでも、いざ、ゼロベース思考を実践しようとすると、常識や習慣、経験、さらには自我や我欲に邪魔されることはよくあります。

　では、なぜゼロベース思考が阻害されてしまうのでしょうか。

　要因の１つに、「木を見て森を見ず」状態で、ものごとを俯瞰的・大局的に見られず、顕著な事例や目の前の現象にとらわれ、全体の中での位置付けが不明確になってしまう——ということがあります。

　そのようになるのは、「目的の本質」すなわち「目的のコンセプト」が曖昧であるからです。その上、目的と手段を混同し、それらを混在させて、同じレベルのことだと誤認していたりします。目的を確認せずに闇雲に考え、行動しても、前途の霧は必ずしも晴れず、結果として問題解決につながらないのです。現象にのみとらわれて、その背後にある原因や問題の本質を見極められないのです。

　環境変化の激しい今日、「既成」の枠の中には役立つ答えが見付からないことも多いため、既成概念や常識の枠を取り除いた視点で考えてみることが重要です。

◇ ゼロベース思考を妨げるもの

　では、その既成概念やいままでの常識——言い換えれば、会社やあなたが持っている「当たり前感」——を、皆さんは認識しているでしょうか？

　どの会社にも、ゼロベース思考を妨げる要因（ゼロベース思考の"敵"）が、山のようにあります。本来であれば、目標を達成できたり、新たな事業を展開できたり、コミュニケーションをうまくとったりできるはずなのに、この"敵"のおかげでうまくいかない——という事例がたくさんあります。

　それでは、その"敵"の正体を認識してもらいましょう。

●ナインポインツゲーム（解答例）

　下図の答えを見て、「な〜んだ」と思いませんでしたか。「簡単じゃないか」と。

　しかし、9つの点を見て、まず四角い経路が頭に浮かんだ人は、既成概念にとらわれる傾向にあるのかもしれません。

　正解は1つだけではありませんが、9つの点の外側のスペースを利用する、という発想ができれば解けます。コロンブスの卵です。

　このゲームができなかった人も、ここで落胆せずに、本書でトレーニングを続けてみてください。

ナインポインツゲームの解答例

●既成概念にとらわれた場合

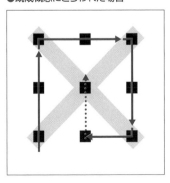

●ゼロベース思考で考えた正解例

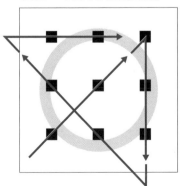

◇ ゼロベース思考ができるようになるには

　ゼロベース思考というのは、ビジネスパーソンにとって不可欠なスキルの1つといえます。しかし、具体的にどのようにしたらよいのかを理解し、それを実践できている人は必ずしも多くありません。

　前述のとおり、ゼロベース思考とは、既成概念や常識をいったんリセットして、まったく白紙の状態から、考えの枠を広げ新しい可能性を見いだそうという思考方法のことです。環境変化の激しい今日、「既成」という枠の中には役立つ答えが見付からないことも多く、既成概念や常識の枠を取り除いた視点から考えてみることが非常に重要です。

　ゼロベース思考は、既成概念やいままでの常識という枠を超えることから生まれるものということができます。

　何らかの取り組みを始める前には、自分がしようとしていることの「目的の本質」は何か、その「コンセプト」は何であったか、「自分は何のためにこれに取り組もうとしているのか」という視点で検討してみましょう。

　ゼロベース思考ができないのだとしたら、まず、目的の本質を追究するということに対して「重考」(考えを重ねること) をしたのかどうか、その方法は間違っていなかったかどうか、をチェックします。

　「新戦略などの重要な意思決定を迫られている」、「これまでに直面したことのないような壁に遭遇した」、「新規事業の立ち上げの段取りを決めなくてはならない」などなど、それぞれの具体的な取り組み方法は異なりますが、ゼロベース思考を実施してみることは、多くの問題解決の場合において有益だといえます。

　「新幹線理論」というものがあります。流線型のフォルムにより実現された新幹線の高速運行は、ゼロ戦などで培われた日本の優れた航空機設計技術のたまものだといわれています。しかし、乗り慣れてしまうと、その高速性を意識しなくなります。

　すなわち、「長らく同じ環境に身を置いていると、その環境になじんでしまい、当たり前のように感じる (井の中の蛙状態に陥る)」ということです。水に浸かっていたカエルが、次第に熱くなることに気付かず、「ゆでガエル」になってしまうことに対する警鐘です。

　慣れというのは思考法にも表れてきます。ナインポインツゲームでも見られたように、「既存の枠」という「環境」の中でずっと思考していると、外部環境が変化しても、「これが普通」「こんなの当たり前」などと正常性バイアスが働いてしまい、危機意識も生まれないまま思考は停止し、ゼロベース思考ができないまま行き詰まってしまうのです。

> **Hint**　相手が何を言いたいのか、この文書は何を求めているのか、を意識しましょう。そのとき、はじめから自分で仮説を立てるのではなく、白紙の状態で傾聴したり読んだりしましょう。そのことで、相手の言いたいことがクッキリと見え、自分の理解が深まることを発見できるでしょう。

◇ ゼロベース思考の発想を促進するには

　ゼロベース思考の実行は、問題・課題をいろいろな角度から見つめることです。しかし、頭でわかっていてもなかなか実行できず、結局、ゼロベース思考ができないままでいることが多いのです。「視点を変えて」とか「心を無にして」などと言われても、ゼロベース思考になっていないのです。

　ゼロベース思考のためにいろいろな角度から見つめる方法として、「時と場所の条件を整える」ことを心がけてみてはいかがでしょうか。

　難問に取り組む前に、座禅を組むことをすすめる人もいます。緊張した状態からリラックスした状態へ、交感神経から副交感神経へと切り替わり、アルファ波が出てくるのかもしれません。それらが功を奏して「ひらめき」につながるかもしれません。

　私たちの思考は、過去の経験や環境をベースに形成されています。それが「既成概念」という、新たな発想の阻害要因となっています。「枠を取り払って思考する」「ゼロベースで考える」といっても、これらが足を引っ張って、自由な発想を妨げてしまうのです。

　人の性格は、育った家庭環境の影響を受けつつ形成されます。いじめなどがある環境で育つと、それが精神的なゆがみの原因ともなりがちです。仕事においても、特定の企業でのサラリーマン生活が長いと、その企業風土に染まってしまい、「自社の常識は世間の非常識」といわれるほどに特異なものとなります。

　筆者は経営コンサルタントという職業柄、多くの経営者や管理職、ビジネスパーソンと接しています。そんなときに、「業績はどうですか？」という質問をよく投げかけます。共通して返ってくるのは、「景気がよくない中、うちの会社も例外ではないので……」という類いの言葉です。

「世の中の景気が悪い」 ➡ 「業界の景気が悪い」
　　　　　　　　　　　➡ 「わが社の景気も、その影響で悪い」

　このような負の思考の連鎖が定着してしまっている場合があります。

　そんなとき、「マイナス思考ではなくプラス思考をしてみませんか？」、「クリティカル・シンキング的発想で、現状に対して疑問を持ってみませんか？」と営業会議などで投げかけることがあります。

　しかし、返ってくるのは「できない言い訳」ばかりで、お互いに傷をなめ合うだけ、という状況を多くの企業で見てきました。

　「不況➡普況➡富況」という話をすることがあります。「不況だ不況だといいますが、もし、それが"普況"、つまり"当たり前な状況"だとしたらどうでしょうか？」と投げかけ、思考のアプローチを変えてもらうことがあります。

　既存の概念を疑う「クリティカル・シンキング」、既存の概念から脱却する「ゼロベース思考」への切り替え法を身に付ければ、既存の思考に固執することが次第になくなっていくはずです。

> **Hint**　負の連鎖が起きると、そのスパイラルからなかなか抜け出せなくなります。「ナインポインツゲーム」を思い出してください。枠を取り払うことがゼロベース思考の原則です。

◇ ゼロベース思考で発想する具体的なやり方

　既述のとおり、ゼロベース思考を実際に行うのは、そう簡単なことではありません。しかし、視点を変えていくことでゼロベース思考ができるようになります。ここでは、視点の持ち方、ゼロベースを行うきっかけを中心に説明します。

●「オズボーンのチェックリスト」を使ってみる

　オズボーンのチェックリストとは、一般的には新商品の開発・改良などで利用される、上述の「視点の持ち方」を提供してくれるリストです。

　9つの視点が列挙されていて、それらをキーワードとして、問題への対応策の検討や、商品改良・新商品開発におけるアイデア出しなどに利用します。

　このような思考のきっかけがあると、発想を展開しやすくなります。

オズボーンのチェックリスト	

項目	商品改良のヒント
転用	現状で別用途は？　改造で他用途転用は？
応用	現機能の関連用途は？　類似品はないか？　類似品からヒントは得られないか？
変更	色、形、様式、音色・音響、動作、香りを変更したら？
拡大	大きさ、強度、機能、材料、誇張、時間、頻度、長さ、音、用途、分割など
縮小	大きさ、強度、機能、材料、誇張、時間、頻度、長さ、音、用途、結合など
代用	利用者、材料、機能、製造法、音源、動力、制御法
再配列	レイアウト、順序、要素、形、音源、製造工程
逆転	動作反転、前後位置、手順、役割、上下左右
結合	材料、機能、部品・ユニット、目的

●ロジカル・シンキング的キーワードを使う

　有名な言葉で「Whyを5回繰り返す」ということがよくいわれます。ゼロベース思考を行うのにも大変有益な方法です。ロジカル・シンキングでは、Whyの代わりに、「Why so?（どうしてそうなるの?）」、「So what?（それでどうなるの?）」というキーワードがあります。Whyと共に使ってみてはどうでしょうか。

●「なかった思考」で思考する

　問題・課題に取り組むときに、「もし、○○がなかったら」と考えてみる方法のことです。面前の課題に対して、「○○がなかったらどうだろう？」と視点を変えてみるのです。

　例えば、「ロジカル・シンキングに対する関心がなかったら、自分はどうなるだろう」、「もし、パソコンが使えなくなったら……」というように、平素、当たり前の存在と思っているものごとがない場合を想定してみるのです。

　その延長上で、「現状では□□だが、他にやり方はないだろうか」などと、「それ以外思考」をしてみるのもよいでしょう。

●立場を変えてみる

　ビジネスパーソンの基本姿勢の1つとして、関係者への思いやりの重視があります。これをゼロベース思考の起点にしてみるのも効果的です。

　相手の立場に立って、「これで相手はどんなメリットを享受できるだろうか」と考えてみます。換言すると、「相手が得られる価値を考える」ということです。相手というのは、状況により、顧客やユーザーである場合もあれば、職場の同僚、上司、部下である場合もあります。

　マーケティングは、顧客・ユーザーが何を欲しているかを考えることから始まるといわれます。売り手の立場から買い手の立場へ、というように、相手の立場に立ってみるのです。

　筆者がしばしば行う方法ですが、「信頼できる○○先生ならどうするだろう」というように、自分がよく知っている人になったつもりで思考するのもよいでしょう。

> **Hint**　「オズボーンのチェックリスト」は商品の改良方針の検討用に開発されました。同様にして、しばしば直面するゼロベース思考重視のテーマですぐ利用できるようなチェックリストを、あらかじめ作っておくとよいでしょう。

思考基本の第一歩

キーワードで覚える6つの思考基本

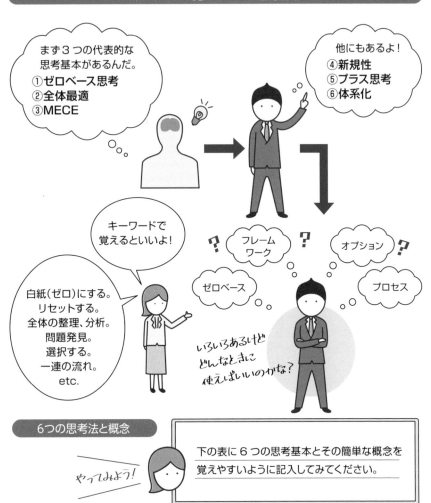

まず3つの代表的な
思考基本があるんだ。
①ゼロベース思考
②全体最適
③MECE

他にもあるよ！
④新規性
⑤プラス思考
⑥体系化

キーワードで
覚えるといいよ！

白紙（ゼロ）にする。
リセットする。
全体の整理、分析。
問題発見。
選択する。
一連の流れ。
etc.

？　フレーム
　ワーク　？　オプション　？

ゼロベース　　　プロセス

いろいろあるけど
どんなときに
使えばいいのかな？

6つの思考法と概念

やってみよう！

下の表に6つの思考基本とその簡単な概念を
覚えやすいように記入してみてください。

No.	思考法の種類	簡単な概念
1		
2		
3		
4		
5		
6		

●時間、空間、環境を変えてみる

　私たちは、「いまこのとき、自分のいる環境」で思考しがちです。例えば、朝・昼・夕・晩というように時間を変えてみるのも1つの方法です。「いまは便利な時代だが、昔の人だったらどう対処するだろう」というように、時代を変えてみるのも面白いかもしれません。あるいは季節を変えて、別の季節を想定して思考してみるのもよいでしょう。

　空間を変えてみるのも有効です。よく知られているように、中国には「三上」という言葉があります。

　三上とは「馬上」「枕上」「厠上」のことです。
　「馬上」は馬の背で揺られるているとき。
　「枕上」とは、枕の上、すなわち横になっていたり眠ったりしているとき。
　「厠上」とは、「厠」すなわちトイレに座っているとき。

　湯川秀樹博士がのちにノーベル賞を受賞することになるアイデアを思い付いたのは、お風呂の中だったそうです。場所を変えればあなたにもひらめきがあるかもしれません。

　三上による空間軸の変更も、試してみる価値はありそうです。

　視点を変えてみれば、これまで見えなかったものが見えてきます。「重考高盛」といわれるとおり、視点をいろいろと切り替えながら諦めずに繰り返し思考すると（重考）、アイデアがうずたかく積み上がっていく（高盛）のです。

> **Hint**　ロジカル・シンキングは、頭で覚える知識ではなく、感じ取り、体得するスキルです。言いたいこと、相手が言っていることを自分の言葉で書いてみると、論理思考力も高まり、コミュニケーションもスムーズになることでしょう。

③ 思考基本…
MECE ～モレなく・重複なく

ロジカル・シンキングらしい思考基本として「MECE」というものがあります。「モレなく・重複なく」といった意味で、ごく当たり前の内容です。ロジカル・シンキングでは多くの場面で求められる思考基本なので、「正調派MECE」を体得してください。

◇ MECE とは

ロジカル・シンキングを学ぶときに、忘れてならないのが **MECE** です。

MECE とは「Mutually Exclusive and Collectively Exhaustive」の頭文字で、「**ミーシー**」とか「**ミッシー**」と読みます。意味は次のとおりです。

Mutually	「相互に」「共通に」
Exclusive	「排他的な」
Collectively	「集合的に」「共同で」
Exhaustive	「徹底的な」

日本語にはしづらいのですが、「Mutually Exclusive」かつ「Collectively Exhaustive」というように2つの部分に分けると理解しやすいでしょう。

簡単に表現すると、MECE とは「モレのない状態で、かつ重複しないように全体を捉え、要素を部分集合に分解し、**部分最適**ではなく**全体最適**を目指して考えること」です。そして、ロジカル・シンキングをするときには、この「モレや重複をしないように考えること」がとても重要です。

昔、数学の「集合」の時間に学んだことを思い出した人、「そんなには常識だよ」と思った人もいるかもしれません。すでに述べたように、ロジカル・シンキングは、皆さんが知っていることを再体系化した手法なのです。

ロジカル・シンキングでは、モレや重複のないように全体を把握して整理し、分析を加えることで、問題点の発見や原因の究明ができます。要するに、この MECE の考え方は、ロジカル・シンキングにとってとても重要で、必要不可欠なのです。

　それでは、この「モレがある」とは、どういうことでしょうか？　それは、全体像を分解して考えたときに、どこか（何か）が不足していて抜けがある状態のことです。

　数字で表してみましょう。全体を100％とした場合、モレがある状態は100％未満となります。95％ならモレのある状態だということです。

　では、万一モレがあったらどうなるでしょうか？

　モレがあると、正確な分析などができなくなります。その結果、間違った原因・理由や間違った結論を導き出してしまうでしょう。そして、それらを本当の原因や結論だと見なすならば、答えは間違ったものになり、判断を誤ってしまいます。

　また、「**重複している**」ことがあったらどうでしょうか？

　重複した部分に重みが加わってしまい、やはり同じように的確な答えは出てこないでしょう。万一、その重複に気が付かなかったとしたら、非効率な状態を発生させることにもつながります。

　それでは、「**MECE**（モレもなく重複もない）」とはどういうことでしょうか。

	国内向け	海外向け
高級車	国内向け高級車	海外向け高級車
大衆車	国内向け大衆車	海外向け大衆車
軽自動車	国内向け軽自動車	海外向け軽自動車

乗用車市場の分類例

・国内向け　　　　　　　　　　・海外向け

　ある自動車メーカーの乗用車市場の分類を例に考えてみましょう。

　この自動車メーカーでは、「高級車」「大衆車」「軽自動車」に分け、さらに「国内向け」「海外向け」に分類しています。同社の中期経営計画では高級車、とりわけ4WDの販売に力を入れる旨が述べられています。

　この分類を、販売管理や資材管理といった基幹システムでの管理にも利用しようと考えているので、管理データにモレや重複があったのでは正確な管理ができません。

以下の❶〜❹は次ページの図と対応しています。

❶モレなし重複あり

　市場を「国内向け」「海外向け」「高級車」の3つに分類したとします。

　「国内向け」と「海外向け」の分類だけですとMECEの状態ですが、そこに「高級車」という分類が入ると、「国内向け」「海外向け」というそれぞれの分類に「高級車」も含まれるために、重複してしまいます。

　「仕向け地」と「車種」という異なる軸を共存させてしまったための重複です。

❷モレあり重複なし

　市場を「高級車」と「軽自動車」の2つに分類する場合を考えてみましょう。

　車種を軸とした3分類となっているので、この分類から「大衆車」がモレてしまいます。「大衆車」も加えて3つに分類すれば、モレがなく重複もない状態にできます。

❸モレあり重複あり

　市場を「高級車」「軽自動車」「4WD」の3つに分類した場合はどうでしょうか。

　車種軸としてはケース❷と同じく、「大衆車」がモレています。

　また、「4WD」という駆動方式の軸では、「2WD」もあるので、この軸でもモレが発生しています。

　一方、「高級車」「軽自動車」の中には「4WD」のものもあります。したがって、「4WD高級車」と「4WD軽自動車」が重複しています。すなわち、この選択ではモレも重複もあることになります。

❹モレなし重複なし

　乗用車市場全体を、横軸方向で「国内向け」と「海外向け」に分類するとMECEになります。縦軸では車種軸で「高級車」「大衆車」「軽自動車」と分類するとMECEに分類されています。すなわち、モレもなく重複もなく分類できています。

モレと重複の関係

❶モレなし重複あり

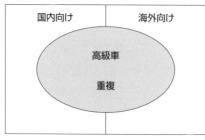

❷モレあり重複なし

❸モレあり重複あり

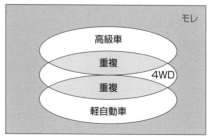

❹モレなし重複なし

	国内向け	海外向け
高級車	国内向け高級車	海外向け高級車
大衆車	国内向け大衆車	海外向け大衆車
軽自動車	国内向け軽自動車	海外向け軽自動車

　MECEというのは、ケース❹のようにモレもなく重複もない状態をいい、思考に欠落が生じたり、重複して無駄が発生したりするのを防ぐために必要です。

　ここでは市場を車種軸と仕向け地軸で見ていますが、下取りした中古車も商品として計算すれば、新旧という軸もできます。用途により、軸の組み合わせ方を考えてみることが大切です。

Hint　文書であれ口頭であれ、コミュニケーションをとろうとするときは、指を折りながら「①…」「②…」などと考えるようにします。そうすることで、モレや重複を最小限に抑えられます。

　話をするときにも、「この件は○つのことを重視する」などと言うと、聴き手も「まず、それを押さえればいいんだな」と考えるでしょう。電車の運転手さんが励行している「指さし確認」をもじって、「指折り確認」と呼んでいます。

◇ グルーピング法を MECE に取り入れる

皆さんは、「ブレインストーミング」や「KJ法」を何らかのかたちで経験しているかもしれません。第2章では「思考手法」を中心に紹介しますが、そこで学ぶ収束思考では、グルーピング技術が使われています。

ロジカル・シンキングでは、「Why」や「Why so?」などのキーワードから始めて、原因・理由と目的、結果に分解すると、思考をスムーズに進められます。

「分解」の結果はMECEとなることが望ましいのですが、ロジカル・シンキングでは、この分解を**グルーピング（グループ化）**と呼んでいます。

MECEに分解するのは慣れないと意外に難しく、自分ではMECEだと思っていても、MECEではない状態でロジカル・シンキングを進めてしまうこともあります。

MECEへの分解に限らず、ブレインストーミングやKJ法は、ビジネスでも日常生活でもしばしば登場する手法です。そのときにグループ分けをしますが、これもグルーピングです。

グルーピング手法の1つである要素分解法は、**データマイニング***手法の1つであるクラスタリング（次ページ参照）と共に、MECEとなるように分解するのに大変便利な手法です。

グルーピングの手法には以下のものがあります。

●特性分類法

ブレインストーミングなどの発散思考で出てきた要素について、それぞれの「特性」を比較して、差異や共通部分に注目し、特性をもとに判断して分類します。

KJ法の経験者であれば、意識せずにこの方法を利用していることが多いです。

●定型ツール利用法

ロジカル・シンキング・ツールのうち、フレームワークに属するツール（3-3節参照）を用いて分類する方法です。「5W1H」という、代表的なフレームワーク・ツールを利用することから、定型ツール利用法は「5W1H法」とも呼ばれています。利用するツールの項目に合わせて、分類していきます。

***データマイニング**　データマイニング（Data Mining）とは、大量のデータ（鉱山）から、統計学やAI（人工知能）などの分析手法を駆使して、有益な「知識」（鉱物）を掘り出す（マイニングする）技術。

●クラスタリング

　異なる性質のものが混ざり合っている集合体から、類似性を基準にして集めた、似たもの同士の集団のことを**クラスター**（あるいは「群落」「集落」）といいます。そして、クラスターを作り、対象を分類する方法が**クラスタリング**です。データマイニングの手法の1つあり、上述の「特性分類法」と共に、KJ法の利用時に大半の人が用いる方法でしょう。

●要素分解法

　要素分解法はMECEを実現するために効果的な手法ですので、その基本を体得して、活用してみてください。

　学校の理科の実験で水の電気分解をしたことがあると思います。水に電気を流すと、水の分子が水素と酸素に分解されます。原子の粒は、さらに原子核と電子に分けられます。原子核はさらに陽子と電気的に中性な中性子から構成され、さらに素粒子の世界へと展開していきます。要素分解法も、そのイメージでとらえるとよいでしょう。

　例えばマーケティングで、私たちを年代別に分類して嗜好傾向を見る、というようなとき、年齢別にMECEに分類するということが考えられます。目的に応じて「1歳単位」とか「10代、20代、…」というように区分することもできます。あるいは、「乳児、幼児、…」といった区分もあるでしょう。ただしこの場合、各区分の明確な定義をしておかないと境界が不明瞭になり、モレや重複が発生しかねません。

　また、フロー思考で分けるという方法もあるでしょう。「過去、現在、未来」あるいは「短期、中期、長期」という分け方もあります。これらも同様に区分の明確な定義が必要です。

要素分解法のイメージ（水の分子）

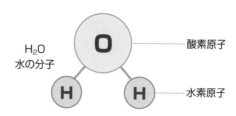

H_2O
水の分子

O ……………… 酸素原子

H　　H ……………… 水素原子

●公式利用による要素分解法

　要素分解には、公式を利用する方法があります。

　例えば、売上高というのは、売上単価に売上数量を乗じて算出できます。売上高は売上単価と売上数量という要素に分解できるからです。売上単価は、さらに仕入単価や製造原価、その他の諸費用に分解できます。

　このように、公式を利用するMECE分解法はしばしば利用されますし、広く知られている公式は大変便利なものです。

売上高に関する公式利用の例

売上高の要素分解

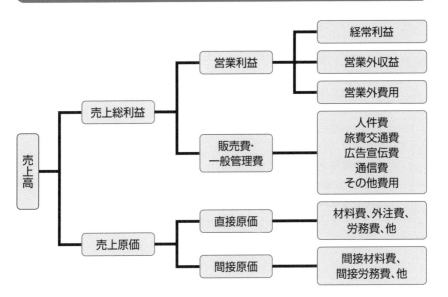

その応用例として、財務分析の1つ、P/L（損益計算書）分析の方法を紹介しておきます。

売上高は「売上高＝売上総利益＋売上原価」という公式に従って要素分解できます。

「売上総利益」は、「営業利益」と「販売費・一般管理費」とに分解できます。さらに「営業利益」は、「経常利益」「営業外収益」「営業外費用」に分解できます。

これはMECEとなっているので、もととなる数値データが適正であれば、財務分析を正確に行えます。

●ツール利用法

ロジカル・シンキング・ツールの定型ツールを利用する方法があります。定型ツールは、フレームワーク思考に用いるツールの1つです。よく知られる定型ツールとして、「**3C**」があります。「Customer（顧客）」「Competitor（競合）」「Company（自社）」の3項を戦略立案などに利用します。

大半の定型ツールはMECEに構造化されているため、そのまま利用するだけでMECEに＊なります。

Hint　グルーピングは、意識的ではなくても、すでに行っているでしょう。しかし、その方法が自己流であったり、グループ内の暗黙の了解事項であったりしていませんか？

　グルーピングは「大きさを基準に」とか「使い勝手の良し悪し」など、ルールを確認してから行わないと、人によりバラツキが出て、ブレが生じてしまいます。

　何かをするときには、何を「ものさし」とするか、という基準を確認しておくことで、聴き手・読み手も、話し手・書き手も、ベクトルを合わせることができます。

＊…だけでMECEに　ただし、必ずしもMECEを意識して開発されているわけではないので、MECEにならないこともある。

4 思考基本…
体系化（構造化）・俯瞰細観・
創造性・プラス思考・全体最適

思考基本の中では、すでに説明したゼロベース思考、MECE と、ここで紹介する「体系化（構造化）」を押さえておくことをおすすめします。この3つの思考基本を身に付けた上で、全体最適、創造性、プラス思考についても体得しましょう。

◇ 体系化（構造化）で思考を見える化する

　ロジカル・シンキングでは、漠然と思考するのではなく、「見える化」することによって、思考の内容をいろいろな視点から見られるようになります。

　第3章で詳説しますが、ロジカル・シンキングでは「ツール」を使うことにより、漠然とした思考の全体像を捉え、進むべき方向をイメージできるようにします。

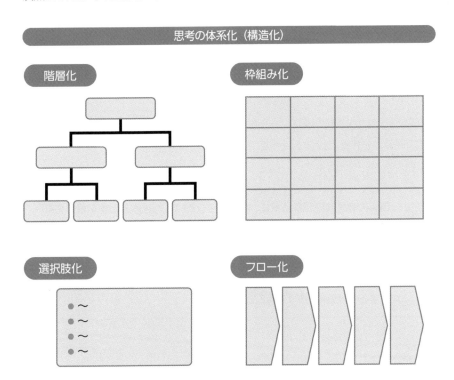

思考の体系化（構造化）

階層化

枠組み化

選択肢化

フロー化

　ロジカル・シンキング・ツールを使うと、思考過程だけでなく、思考の結果を体系立ててビジュアル化することができます。これを「**思考の体系化（構造化）**」といいます。

　思考を体系化するときは、思考手法の階層的（ヒエラルキー）手法、枠組み（フレームワーク）手法、選択肢（オプション）手法、過程（フロー/プロセス）手法のいずれか、あるいはその組み合わせを用いるのが一般的です。

　それぞれの体系化には適したツールがあります。例えば**階層化**では、よく知られているロジックツリーがあります。**フィッシュボーンチャート**＊や**マインドマップ**＊、あるいは**ピラミッド・ストラクチャー**＊などもこれに属します。

　枠組み化は、表形式のツールや定型化されたツールを利用する構造化手法です。代表的なものは**マトリックス**＊ですが、3Cなど、業務にしばしば使われる定型化されたツールも含まれます。

　選択肢化は、選択肢を列挙して選択していく方法であり、重みを付けたりして選択を支援する手法がしばしば使われます。ツールとしてはマトリックスまたは箇条書きが多用されます。

　フロー化は、流れに沿って構造化する手法ですが、分岐により複雑な表現もでき、流れに沿って思考するため思考がスムーズに進みます。

　すなわち、どの思考手法やツールを用いる場合でも、体系化というのは前述のとおり「思考の見える化」を図る手段だといえるのです。

Hint　　自分の考えを表現する前に、自分の言いたいことを体系化する習慣を身に付けましょう。

　「この件は、階層的か、枠組みか、選択肢か、それとも過程手法か?」と簡単に整理します。一般的には話す順序で箇条書きにすると思いますが、メモ程度でもよいので思考手法を念頭に置いたり、それをツールに置き換えたりすると、自信を持って表現できます。

＊**フィッシュボーンチャート**　　詳細は2-3節参照。
＊**マインドマップ**　　1つのテーマを中心に連想する言葉を書き出した図。思考の整理やアイデア出しに用いる。
＊**ピラミッド・ストラクチャー**　　詳細は3-2節参照。
＊**マトリックス**　　詳細は3-4節参照。

◇「俯瞰細観」思考と包括的全体最適

「経営はバランスである」という名言があります。私たちが日々の業務や生活を円滑に進めていくのも広い意味での「経営」ですが、バランスがとれていることが重要です。

全体を包括的に構造解析

グルーピング手法で整理するとわかりやすいですね！俯瞰でも細部観察でも見やすい！

「木を見て森を見ず」という言葉があるように、私たちは眼前の1つひとつの現象にとらわれすぎて、全体の位置付けを無視してしまうことが多いものです。

木を1本1本じっくり観察することは、木が裏付けのとれている「ファクト（事実）」と見なせる場合には、非常に重要なことです。ところが、会議などでは、「ライバルA社の新機能が好評で～」などと眼面の事象に気をとられ、全体の方向性よりも個々の事象の議論に終始してしまいがちです。

全体の中での位置付けを常に意識しながら、思考し、結論を出すことが大切です。「**俯瞰細観**」という四字熟語があります。全体を俯瞰的に見るだけでなく、細部まで観察することの重要性を説いています。すなわち、「**木も見て、森も見る**」ことが大切なのです。

　例えば、売上高が減少している営業部門の強化について検討し、「営業パーソンの増強」という結論が出たとします。

　営業パーソンを増強しても、すぐに成果が出るとは限りません。教育を施さなければなりませんし、そのために他の営業パーソンの負荷が増えることもあり得ます。何よりも人件費という固定費の増加は、企業経営上の大きな負担となります。

　営業パーソンの増強策は、中長期的には有益だとしても、それが全体最適であるかどうかは議論の余地が残されています。

　ロジカル・シンキングでは、包括的思考により、部分最適よりも全体最適を目指します。

木も森も見る

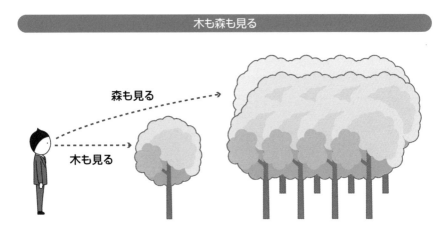

森も見る

木も見る

◇ プラス思考により、全体最適と新規性・創造性ある結論を導く

　ロジカル・シンキングに限らず、プラス思考は必須です。マイナス思考では、悪循環に陥ってしまうことが多いからです。プラス思考であれば、前向きな発想、建設的な意見が出やすくなります。

　プラス思考では、自分自身を客観的に見られるようにもなり、事実に立脚した根拠あるデータや情報を重視するようになり、発想の発展的スパイラルが起こります。心理学的研究でも、このような場合に善循環（好循環）が発生することがわかっています。結果として、発想も豊かになり、新規性の高い、創造性に富んだ結論に結び付きやすいのです。

　一方、マイナス思考では思考が暗くなり、発想も縮小方向に進みがちです。事実の捉え方も独善的で、マイナスが増長されてしまいます。そして、「これが現状であり、自分（たち）が目指すものである」という決め付けにもつながりかねません。結果的には、結論の信頼性も低く、関係者の理解や納得も得にくくなってしまいます。

　関係者最適を目指し、関係者の理解のもとで進められる結論を導くには、プラス思考は欠かせません。

> **Hint**　コミュニケーションにおいては、全体を俯瞰しつつ、自分のポジショニングを確認します。ポジションを意識すると、自然と全体最適に近付きます。プラス思考であれば、いつのまにか建設的な方向に進むでしょう。
> 　発展的なスパイラルに乗っていると確認できれば、それは「成長」の証左です。

memo

第 ② 章

ロジカル・シンキング
の思考手法

ロジカル・シンキングの思考基本をベースに、発想を展開
するには、思考法（思考手法）を身に付ける必要があります。

ロジカル・シンキングの基本的な思考法の代表的なものと
して、発散・収束思考や演繹・帰納思考があります。また、原
因と結果の因果関係、ソリューションに不可欠な仮説思考も
重要です。それらに加え、ロジカル・シンキングでは、選択
肢、階層、過程、枠組みという4つの代表的な思考手法を押
さえておきましょう。

思考手法…発散・収束思考

伝統的な思考法として、発散思考と収束思考があります。ブレインストーミングやKJ法として、大半の人が何らかのかたちで経験していることでしょう。ここでは原点に戻って発散・収束思考を復習し、自己流に陥っていないかどうかをチェックしてみましょう。

◆ 発散思考・収束思考とは

心理学者**ジョイ・ギルフォード**＊は、頭の働きを、①認知、②記憶、③発散的思考、④収束的思考、⑤評価の5つに分けています。

私たちは、それを経験的に学んだり体感したりしています。そして、問題・課題に取り組むときに、「まず、ブレインストーミングから始めて、KJ法でまとめてみようか」というほど、発散思考（発散的思考、拡散的思考）や収束思考（収束的思考、集中的思考）に慣れ親しんでいます。

では、それらはどんな思考法なのか、日本創造学会の定義をベースにかみ砕いて説明します。

・発散思考（発散的思考、拡散的思考）：Divergent thinking

与えられた条件から、多種多様な発想を生み出す思考法。問題把握のときは事実を、問題解決のときはアイデアを出すのに用いられます。

・収束思考（収束的思考、集中的思考）：Convergent thinking

与えられた条件から適切解を導き出す思考をいいます。多数の事象を列挙し、それにより思考することによって、見えづらかった解を生み出す思考法です。

問題解決に取り組む際には、まず、どのような解決策があり得るかを思い付くまま出していき、それを出し切ったら、それぞれのアイデアが解決目標に合っているかどうか評価して絞り込みます。前者が発散思考であり、後者が収束思考です。

＊**ジョイ・ギルフォード**　アメリカの心理学者（1897〜1987年）。因子分析法を用いることで、知能、適性、志向性、人格などの研究を行った。

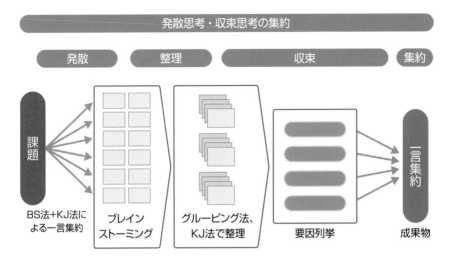

　ロジカル・シンキングの初期段階では、テーマに基づき、発散思考としてブレインストーミングを利用することが多いです。ブレインストーミングで発想を出し切ったら、KJ法で整理し、収束思考でまとめます。KJ法の整理方法はいろいろとありますが、グルーピング手法のいずれかを用いて分類し、各グループにタイトルを付けて収束思考につなげます。

　第3章で紹介しますが、ロジカル・シンキングでは、収束思考で集約した内容を**コンパリスン・マトリックス**＊や**オプション・マトリックス**＊などを用いて整理し、ウエイト付けをしたりした上で意思決定します。その結果を、「一言集約」として短文にまとめ上げます。

　「一言集約」では全体を包括し、マクロ的に言いたいことを示すことができます。作業者の言いたいことのエッセンスが伝わるような表現にします。

　この作業では、作業者が自分（たち）の考えを表現するだけでなく、自分（たち）自身も、その成果物が的を射ているかどうかを作業を通して感じ取ることができます。また、この作業を繰り返すことは、表現力や思考力の向上にもつながります。

＊**コンパリスン・マトリックス**　比較マトリックスのこと。複数の視点を持つことにより、できるだけ正確に比較することを目的としたマトリックス型のツール（本文141ページ参照）。
＊**オプション・マトリックス**　比較選択マトリックスのこと。比較項目をもとに選択肢案について記述することにより、俯瞰的に理解・検討することを目的としたマトリックス型のツール（本文142ページ参照）。

◇ 発散思考・収束思考の具体的な進め方

　企業や組織における意思決定や意思伝達の方法としての**トップダウン**は「上意下達」という意味ですが、ロジカル・シンキングなどの思考展開手法の文脈では「上層から下層へ」といった意味になります。

　ロジカル・シンキングの代表的なツールに**ロジックツリー**があります。ロジックツリーについては3-2節で詳述しますが、課題や命題を発散思考的に展開するものです。

　課題や命題は**トップボックス**といいます。ロジックツリーの最上段に位置し、それを思考展開するのですが、その際には「MECE」(1-3節参照) という視点で、トップボックスの下に位置する第一層 (これを第二層とする考え方もある) を展開します。

　MECEとは「モレもなく重複もない」という意味です。

　すなわち、第一層のボックスは同じレベルの内容の列挙ですが、内容が重複したり漏れたりしないようにボックスを並べます。

　同様に、第二層、第三層、…と下方に向けてトップダウンで実行していきます。これを、ロジカル・シンキングでは**ドリルダウン**といいます。

　思考を進めるには、まずトップボックスの課題・命題を決める必要があります。それが明確である場合もありますが、「わが社の問題点は何だろうか」というような、間口が広く、具体的な事象を発散思考的に列挙するような課題・命題の場合には、ロジックツリーと見かけはよく似ていても目的や手法はまったく別物の、**ピラミッド・ストラクチャー**というツールを用います。

　ロジックツリーは、発散思考に基づく発想展開のための代表的なツールの1つです。それに対してピラミッド・ストラクチャーとは、ブレインストーミングの発散思考によって混沌とした状態になっているときに、それを「まとめ上げる」すなわち「集約し、収束させて問題・課題などを明確にする」ためのツールの1つです。

　すなわち、「たくさんのアイデアをグルーピングし、集約しながら、それらの底部を流れる源流を探し出す」という、収束思考のための代表的な方法の1つなのです (グルーピング法については1-3節参照)。

◇ ブレインストーミングをロジカル・シンキングに援用する

　ブレインストーミングを知らないビジネスパーソンはいないでしょう。ブレインストーミングは**発散思考***の代表的な手法であり、ロジカル・シンキングの専用ツールというわけではないものの、ロジカル・シンキングを進めるにあたってしばしば利用されます。

　ここではゼロベース（リセット）思考を助けるツールの1つとして、ブレインストーミングを取り上げます。ブレインストーミングは、仕事でも、遊びでも、個人的なライフプランを考える上でも、誰もが簡単に活用できるものです。

　このツールは、柔軟な発想で、既成概念や常識にとらわれることなく、まったく白紙の状態からものごとを考えていくときに役立ちます。何か新しいことを始めるとき、問題にぶつかったときなど、「○○するにはどうしたらよいか?」について、グループで思い付いたアイデアを自由に出し合うことで、発想を広げるものです。

　ブレインストーミングを行う際の注意点は次のとおりです。

❶実施にあたっては、人数をあまり多くしない。
❷既成概念を排除して、自由な意見をどんどん出す。
❸参加者からどんな意見が出ても、意見に対する批判や議論はしない。
❹意見、アイデアの質よりも、まず量を重視する。
❺他の人から出た意見を大いに参考にして、さらに多くの発展的な意見を出す。

　実際には、次ページのイラストにあるように、リーダーを決めて5～6人が輪になり、出てきたアイデアをホワイトボードなどに箇条書きしていく、という形式で行うことが多いようです。近年では、ポストイットに代表される大型の付箋紙を使ったり、アイデア・プロセッサーというコンピューターのアプリケーションを使ったりする人もいて、ブレインストーミングも様変わりしてきています。

　なお、1人で作業する場合はマインドマップを利用する人も多いようです。近年はマインドマップをグループで使う人も増えています。

***発散思考**　アイデア出しのように、自由にものごとを発想するような場合の思考法。

発散思考の過程では、全体を俯瞰的に見て、網羅的に思考することが肝要です。その思考の過程で、すでに原因や解決策の仮説が思い浮かぶこともあります。基本的には、次の収束思考ステップで仮説なり結論なりを出しやすいような形で、発散項目を出していくことが重要です。

●課題

　R社は、ランチボックス（弁当箱）の開発・製造・販売を行っているメーカーです。創業以来、地道な努力が実って、国内ではNo.1のシェアを確保できるようになりました。しかし、ライバルのS社の追い上げが激しいため、いままでにないランチボックスを開発・製造・販売することで、大きく差を付けたいと考えています。開発メンバーが各部署から選ばれ、あなたも参加することになりました。1回目の会議では、ブレインストーミングによるアイデア出しを行うということです。

　では、その会議に参加したとして、あなたはどんなアイデアを出しますか？

　まずは10個を考え出してください。アイデアが10個ほど出たら、さらに数を増やしていきましょう。

ブレインストーミング（イメージ）

*収束思考 様々なものごとや事象を整理し、論理を導くというような場合の思考法。

◇KJ 法で思考を整理・収束していく

ご存知のようにKJ法とは、ゼロベース（リセット）思考のツールであるブレインストーミングなどで、出されたアイデアや意見などを、小さなカードや付箋紙などの1枚に1つずつ書き入れ、その中から類似の性質のものを数枚ずつ集めてグループ化し、さらに小グループから中グループ、大グループへと分類して、図にまとめたり必要ならば文章化したりしていく、という方法です。

ブレインストーミングが発散思考に適しているのに対し、KJ法は**収束思考***の代表的な手法の1つといえます。内容や質が様々な情報をまとめ、全体を把握しやすい形に整理できるため、テーマに対するあるべき方向性や解決に役立つヒントを見付けるのに有効なツールだといえます。

それでは、このKJ法を使って、前ページの新ランチボックスの開発について、もう少し深く見てみましょう。

●課題

テーマは「S社に差を付けるためにどんなランチボックスを作るか」です。
ブレインストーミングで様々なアイデアや意見が出てきたようです。

2 段重ね	ピラミッド型	水色
おもちゃになる	汚れが付かない	通販
ABS 樹脂	学生対象	自社生産

これらのアイデアを、形、色、大きさ、材質、購入層、販売場所などの小グループでまとめてみましょう。

さらに、商品自体（デザイン、機能）、販売全般、製造全般などの大きなグループにまとめてみましょう（グルーピング、1-3節参照）。

次ページのKJ法による図を見てください。アイデアなどを書いたカードを大きな紙に貼り付けていくような形式になっています。このようにグループ分けを進めることで、中身を詰めていくわけです。

KJ法による分類

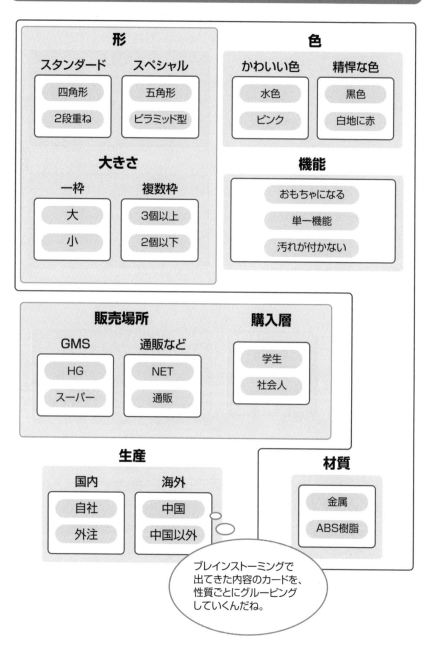

◇ KJ法と収束思考

ここで、ビジネスパーソンがしばしば利用するKJ法について、念のために復習しておきましょう。

KJ法とは、開発者である川喜田二郎氏（文化人類学者、東京工業大学名誉教授）の名前の頭文字から命名された、問題解決手法の1つです。

ネパール探検などで入手した膨大な研究データの整理方法として、独自に編み出した手法だといわれています。1967年に刊行された同氏の著書『発想法』で紹介され、以後、ビジネスパーソンを中心に広がりました。

対象となるデータを1件1枚のカードにし、そのカードをグループ化する方法*です。

ブレインストーミングではアイデアを多く出すことが求められますが、それらのアイデアをKJ法で整理する場合は、裏をとる必要があるので注意が必要です。

KJ法をもとに体系化して全体を俯瞰する

```
発散思考
ダンプアップ
```

```
グループ化
MECE
重み付け
```

```
体系化
フレーム作り
```

*…**する方法** 近年は、カードではなく付箋紙を利用することが多くなった。

　KJ法は「**親和図法**」とも呼ばれ、グループ化をしながらアイデアを出したり、グループ化された結果を俯瞰的に見て、問題・課題に取り組み、方向性を見いだすという発想方法です。発散思考と収束思考を組み合わせた、非常にわかりやすくて取り組みやすい手法だったことから、普及が進みました。

　グループ化し、収束化していく過程で、収束手法が未熟であるがために結論がぼやけてしまったり、ときには方向性を誤ってしまうこともあります。できる限り多くのカードを作成することが求められるために、「質より量」に重きが置かれて、裏がとれていないカードが多くなりがちなことが、原因の1つです。グループ化する基準や手法が曖昧なために方向性を誤ることもあります。1-3節でグルーピング法の1つとして紹介した「特性分類法」が用いられることも多いですが、他の方法も併用すると、この種の問題は少なくなります。

　では、KJ法における「**収束**」とはどんなことを指すのでしょうか。

　KJ法では、ブレインストーミングなどによる発散思考の過程で出てきた要素を、グルーピング手法を利用してグループ化します。グループ化という収束思考の果実である各グループに見出しを付け、それをもとに仮説を立てたり、結論を導き出したりします。

　KJ法でも、他のロジカル・シンキングを利用する場合でも、グループ化された内容をもとに「体系化」をします。すなわち、ロジカル・シンキング・ツールを用いて俯瞰的に見られるようにするのです。ここで用いるツールは、ピラミッド・ストラクチャーや各種マトリックスです。

> **Hint**　各種のツールを用いて評価するに際して、評価基準を明確にすることが不可欠です。これを「ものさし」として意思決定をします。評価基準として、想定できる貢献度、副次効果、リスク、実現可能性・実現障壁、実現のためのポイントなどがあります。

2 思考手法…演繹思考・帰納思考

伝統的な論理展開法として演繹法と帰納法があります。この2つは、思考の方法が逆の流れでありながら、セットで語られることが多いです。「発散思考と収束思考」にも通じるところがあるので、これらの伝統的な思考法を理解しておきましょう。

◇ 演繹的な論理展開法とは

「演繹」とは、「一般的・普遍的な前提から、より個別的・特殊的な結論を得る論理的推論の方法」のことです（Wikipedia）。

後述の「帰納」と対になる概念で、一般的に認識されている周知の事実や普遍的な事柄、すなわち法則性のある周知の「公式」のような原理・原則などの大前提をもとに、個々の事象に当てはめて、そこに必然性のある意味を見いだし、それを小前提として段階的に結論を導く思考方法だといえます。

原理・原則などの大前提に対して、個々の事実にあたる小前提を挙げて、主張となる結論を導き出すという三段論法の考え方にも通じる思考法です。

最も基本的な形として、「A＝Bで、B＝Cならば、C＝Aである」というように、公式に当てはめるような形で結論に至ることができるのが特徴です。

3つの要素を使って論理を展開する方法は次のとおりです。

❶【大前提】：世の中に実在する法則・事実・前提を述べる（ルール・基本）
❷【小前提】：その事実に関連する状況や観察される事象を述べる（事象・観察事項）
❸【結論】　：前記2項から、その本質を追究し、終結させる（果実）

> Hint　三段論法は演繹法の基本型といえます。「風が吹けば桶屋（箱屋）が儲かる」という言葉のように、この論法を組み合わせて、複雑な事象を考察することもできます。

演繹法

法則に基づいて思考して結論を導き出す

ルール・基本	→	事象・観察事項
A＝B		B＝C

結論
C＝A

　三段論法の事例として、大きな事故を起こした鉄道会社が、事故処理後のあり方を検討するケースを見てみましょう。

　第1ステップには、大前提となるルールや基本原則が来ます。「わが社は鉄道会社である」というのが大前提となります。

　第2ステップとして、それを受けて、「鉄道は安全が重要だという基本に反した」と、大前提をもとにした対象事項となる事実を小前提として挙げます。

　これらをもとに自動的ともいえるかたちで、第3ステップの「わが社の基本方針は安全第一である」という結論が導き出されます。すなわち演繹法というのは、大前提となる原理・原則的なことから、その裏付け事象を見て、仮説や推論、主張を打ち立てる思考法だといえます。

演繹法（三段論法）の例

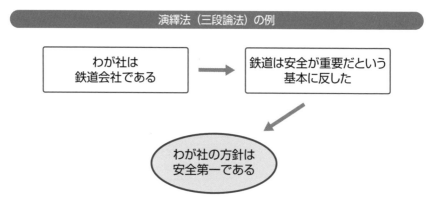

◇ 演繹法の留意点

　演繹法で説明を受けると、何となく論理的な説明に聞こえます。しかし、思考の方法次第で、前述の鉄道会社の事例のように、大きく異なった結論に至ってしまいます。前述の事例で鉄道会社が検討した演繹法を見て、「アレッ?」と思われた方は、ロジカル・シンキングが身に付いているといえるでしょう。

　実はこの鉄道会社では2つのグループが検討を行っており、そのうちの1つは「わが社の方針は安全第一である」のでそれを徹底していく、という結論を出していました。しかし、もう一方のグループの結論は「顧客第一主義」というキーワードで締めくくられていました。

　演繹法（ここでは三段論法ですが）においては、大前提➡小前提➡結論というステップを踏みます。演繹法の使い方を誤る最初の関門が、「大前提」です。たとえ思考プロセスが正しく組み立てられていたとしても、事実前提が正しくなければ当然ながら結論も正しく導かれません。

　この事例では、「鉄道会社である」という大前提は、鉄道会社の何たるかが明確に定義付けされている限り、間違えていないといえます。
　多くの場合、第2ステップの小前提で誤りを犯します。「小前提」というのは、「その事実に関連する状況や観察される事象を述べる」ことですので、事象や観察事項がここに来ます。上述の演繹法では、「安全が基本」という事項をピックアップしているがために、結論も「安全」にのみウエイトがかかってしまったのです。

　帰納法では、前提から結論へ至る過程に「蓋然的に正しい」とされることが求められるだけです。それに対して演繹法では〈結論に至るには、前提があって、その前提に「必然性」があって、誤りがない〉ことが必要です。したがって演繹法では、前提が間違っていたり不適切であったりしてはならないのです。また、「小前提」がMECEとなっていることが原則です。

大前提と小前提に問題があると、誤った結論に至ってしまいます。上述の鉄道会社の事例では、「安全性」という、鉄道会社に求められる事項のうちの１つだけについて検討しています。鉄道会社にとって安全性は不可欠ですが、一方で大量輸送、定時輸送、高速輸送、さらに近年では**定温輸送***など、安全性以外の多様なニーズも無視できません。

　別のグループが「顧客第一主義」という結論を導いたのは、その前提として「安全性は鉄道会社の根幹である」という狭い視点に固執しすぎたことを顧みての帰結なのでしょう。

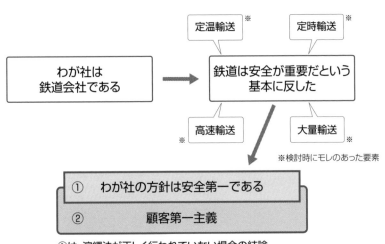

演繹法で陥りやすい誤りの例

定温輸送*　定時輸送*

わが社は鉄道会社である　→　鉄道は安全が重要だという基本に反した

高速輸送*　大量輸送*

※検討時にモレのあった要素

① わが社の方針は安全第一である

② 顧客第一主義

①は、演繹法が正しく行われていない場合の結論
②は、原則に則ったベターな結論

Hint　コンサルタントは演繹法や帰納法をよく使います。現場で見たこと（Ｂ）を経営理論（Ａ）と結び付けて演繹法で結論（Ｃ）を出します。共通現象を見て、帰納法的に他社などの経験からの類似性・共通性を見いだして、改善案を提案します。

***定温輸送**　冷凍食品や生鮮食品など、一定温度以上だと品質が劣化する商品の輸送方法。

◇ 帰納的な論理展開法とは

帰納法とは、「共通する特定の要因を持つ事例から、一般的・普遍的な規則・法則を見いだそうとする論理的推論方法」のことです。

似たような現象・事象に共通性・類似性があれば、それをもとに結論を導き出す、という思考方法です。多くの場合、「たぶん○○であろう」という推定的結論に至ります。演繹法の逆の発想といってもよいでしょう。

「秋田犬は動物である」「柴犬は動物である」よって「犬は動物である」と結論付ける思考法です。このような帰納法は「**枚挙的帰納法**」といい、帰納法の基本的なやり方です。

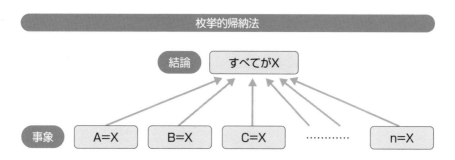

類似性に基づく帰納法もあります。これを「**類推帰納法**」といいます。その利用の事例を見てみましょう。

●事例

事象1　営業の山田君は、毎朝、9時半前後にはカタログなどを持って会社を出る。

事象2　営業の山田君は、毎日、4時頃には会社に戻り、パソコンに向かっている。

事象3　営業の山田君は、退社後、ビジネススクールに通っている。

　この事象から、同僚のＡさんは、「山田君は、営業活動だけでなく、業務レポートもキチンと作成するなど、仕事に大変熱心な上に、ビジネススクールに通って自己啓発をするなど、将来有望な社員である」と結論付けました。

　しかし、上司のＢ課長は、山田君の業績がいまひとつ芳しくないことを知っています。管理職として、彼の仕事の進め方に漠然とした不安感を抱いていました。

　山田君は、それから２年も経たないうちに退社して、大手コンサルティング・ファームに転職してしまいました。

　実は、朝、会社を出ると、まず行き付けのコーヒーショップや図書館に行き、そこで中小企業診断士資格の勉強をして、昼食を済ませてから顧客訪問をしていたようです。商談は早々に切り上げ、１顧客あたりの商談時間も短いため、なかなか受注にも結び付きません。

　そして、夕方には会社に戻って、訪問した顧客との商談に尾ひれを付けて、営業活動報告書を「作文」、営業報告を早々に済ませてから、ビジネススクールに通っていたのです。山田君は、見事に中小企業診断士資格を取得し、有名なコンサルティング・ファームへの転職を果たした──というわけです。

　この事例は、Ｂ課長の管理上の問題や能力など様々な問題を含んでいます。ここでは帰納法の問題点のみに絞って考えてみます。

　先ほど示した事象１〜３は、外から見える部分だけの表面的な「事実」であって、裏のとれた「真の事実」ではないのです。

　事象だけを見ると、Ａさんのように肯定的な見方になってしまいます。ものの見方や考え方は人により異なります。

　以上のように帰納法では、裏付けのない事象に基づくと、見方の個人差によって、導かれる結果が大きく左右されてしまうことに留意しましょう。

◇ 帰納法利用の留意点

演繹法では前提が真であれば結論も必然的に真となりますが、帰納法は「観察した情報の共通性から結論を導き出す」論理展開法であるため、その結論は「推定」であって、事実とはいえません。

帰納法では、共通項を持つ事象をいくら列挙しても、その裏付けをすべてとることは難しく、列挙した事象がすべてを網羅しているともいえません。しかし、より多くの事象を捉えて、観察する数が増えれば増えるほど、その結論の確からしさは増大します。仮説を立てるための有益な手段であることは間違いありません。

また、演繹法は、該当する理論（ルール、法則）が存在しない場合や確立されていない場合には成立しません。一方、帰納法は、共通する事象が見られれば成立します。このことから、帰納法では、新分野を開拓したり新しい理論を模索するような用途で、「まず仮説を立て、仮説を検証していく」という方法をとることができます。

●水酔っ払い論

帰納法を利用するときに注意しなければならないこととして、「水酔っ払い論」があります。

「ビールには水が入っていて酔っ払う」
「ウイスキーにも水が入っていて酔っ払う」
「ブランデーにも水が入っていて酔っ払う」
よって「水を飲むと酔っ払う」

明らかにおかしい結論ですね。帰納用を利用するときは、その特質を理解した上で利用する必要があります。帰納法は、発散思考で抽出された事象をもとに、収束思考で結論を見いだそうとする方法です。後述のピラミッド・ストラクチャーなどの収束思考に適するロジカル・シンキング・ツールを援用すると効果的です。

> **Hint**　演繹法も帰納法も、完成度の高い思考法とはいいがたいのですが、利用法を間違えなければ有益な思考手法だといえます。

思考手法…因果関係

論理的思考手法の中で、ぜひ利用していただきたいものの１つが「因果関係」です。世の中では、「何かの原因があって、それが結果として表れる」ということが頻繁に起こります。

◇ 因果関係とは

「2つの出来事が原因と結果の関係にある」ことを**因果関係**といいます。「何事にも原因がある」そして「その原因に基づく結果がある」という考え方が根底にあります。

つまり、「ある事象が別の事象を引き起こしたり生み出したりする」といった、事象間の関係をいいます。「Aという原因・理由があるので、Bとなる」という、原因と結果の関係です。

「価格を下げた➡売上が20％伸びた」というような、誰でもわかる事象を「単純な因果関係」といいます。「Aさんは超一流大学を首席で卒業した」、その結果、「企業からの入社の誘いが多数舞い込んできた」というような関係も、単純な因果関係といえます。

これに類する事象は、私たちの身の回りに結構あります。

売上が伸びた　➡　決算結果が改善した

新しい機能を付加して価格を据え置いた　➡　売上が20％増加した

ロジカル・シンキングを勉強した　➡　論理思考力が向上してきた

一見すると論理の飛躍に見えるような「風が吹くと桶屋（箱屋）が儲かる」は**複合因果関係**といわれますが、これも単純な因果関係の連鎖なのです。

このように、因果関係とは枚挙にいとまがないほど頻繁に起こる事象です。

一方で、因果関係に基づいて説明すると、聴き手には論理的に聞こえます。

ロジカル・シンキングでは、原因となる事象を**トップボックス**とし、結果を**ターゲットボックス**として作業をすることが多いです。

因果関係

トップボックス	→	ターゲットボックス
原因となる事象		結果

　品質管理の7つ道具の1つに**特性要因図**（魚骨図、フィッシュボーンチャート）というツールがあります。これは、もともとは工学の分野で、原因と結果の連鎖を分析する際に使われ出しました。

　原因と結果の関連性を分析し、その分析過程を魚の骨格のような形でグルーピングしてテーマごとに図示し、さらに小骨を付けて、そこから得られた結果を「ターゲットボックス」として記載します。この方法により、問題・課題の場合は改善方向を探り、その原因をあぶり出して結果とします。

　フィッシュボーンチャートも、因果関係を意識して作成すると説得力を増します。

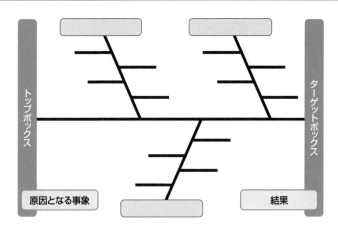

フィッシュボーンチャート

トップボックス

ターゲットボックス

原因となる事象

結果

　本文67ページで紹介した山田君の事例を使って、因果関係を見てみましょう。

　同僚のAさんの目には、山田君は「毎朝9時半前後には、顧客に提供する資料やカタログを揃えて会社を出る」という理想的な営業パーソンであると映っています。

　その結果、山田君は将来有望で、営業課長や部長、ひょっとすると役員にまで出世するのではないか、とひそかに尊敬の念を抱いています。

　すなわちAさんは、因果関係の「原因」として「Bさんは営業活動に熱心」、結果として「Bさんは将来有望な社員」だと推定しています。

　一方、上司であるB課長は山田君について、毎日、営業活動にキチンと出かけており、報告書を見ても「有能な営業パーソン」そのものだと思っています。

　にもかかわらず、毎月の営業成績は下から数えたほうが早いくらいに芳しくないことが気になっていました。原因を探ろうとしていた矢先に、山田君から退職願が出てきたのです。

　実際の山田君は、毎日、喫茶店で中小企業診断士資格取得の勉強をし、夜はビジネススクールに通っていました。

　この事例のように、表面的な事象を見ているだけでは真の因果関係はわからず、誤った判断につながってしまうことがあります。

　前節と同様に、B課長の管理上の問題や能力といった因果関係以外の問題は別にして、因果関係を見る場合は、前節で学んだ帰納法と同様に、すべての事象をできる限り網羅的に見ること、裏のとれた事実に立脚していることが、判断の誤りを防いでくれます。

> **Hint**　因果関係を念頭に思考する場合、自分の考えに都合のよい方向に持っていこうとする傾向が多く見られます。客観性を常に重視するよう心がけることが大切です。

因果関係は捉え方で結論が分かれる

Aさんの分析

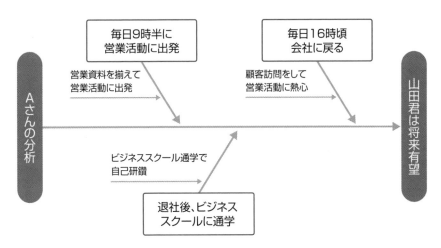

山田君転職後のB課長の分析

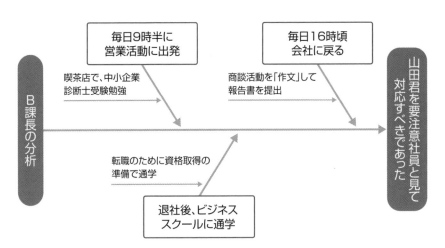

◇ 因果関係思考で陥りやすい事象

　しばしば誤判断となる代表的な因果関係の1つに「**鶏と卵の因果関係**」があります。「単純な因果関係」と思い込んで判断材料にしてしまうことによる判断の誤りです。

　因果関係だと誤認しやすい事象として、「どちらが原因で、どちらが結果なのか、断定できない」ケースがあります。

「A社の業績は非常によい」

「A社の知名度はますます高まっている」

「A社には優秀な人材が集まってきている」

「営業部門が強化された」

「A社のタブレットは大変よく売れている」

　「A社の業績がよいから、優秀な人材が集まってくる」というのは、単純な因果関係といえます。しかし、A社のタブレットが売れているから業績がよくなったと考えると、上述の複合因果関係（矢印の流れ）における、原因と結果の関係は変わってきます。

　鶏と卵のように、どちらが先なのか明確でない場合には、原因と結果を誤認しがちであり、戦略を間違えることにもつながりかねません。単純な因果関係なのか、鶏と卵の因果関係なのかを的確に見分けなければならないことに注意が必要です。

　鶏と卵の関係の他にも、因果関係について誤判断しがちな事象があります。それは、次に説明する相関関係です。

◇ 相関関係

　因果関係は原因と結果に論理的なつながりのある関係ですが、因果関係と非常に紛らわしい事象が「**相関関係**」です。

　相関関係というのは、「ある一方が変化すると、それに連動して他方が変化する」という関係です。その連動には、必ずしも明確な因果関係があるわけではありませんが、あたかも因果関係があるかのように連動して変化を起こすことがあります。

　次の事象はよく知られています。

夏にはアイスクリームがよく売れる

気温が高くなりすぎるとアイスクリームの売上が鈍化する

　「気温」と「アイスクリームの売上高」との関係を相関図にしてみると、気温が上がるにつれてアイスクリームの売上も上昇しています。右上がりの変化を起こす相関関係が見られます。

第2章　ロジカル・シンキングの思考手法

　アイスクリームの販売店は、天気予報の気温予測値をもとにアイスクリームの仕入数量を決めて、在庫量を減らしたり欠品率を下げたりして、収益性を高めています。

　ところが、ある気温を境にアイスクリームの売上高が鈍化し、さらに気温が上がると逆に売上高が減少していきました。そこで、冷菓商品群全体の売上高もアイスクリームと同様、気温が上がるにつれて鈍化し、やがて低下に転じるという仮説を立てたとします。ところが、冷菓商品群全体としては、アイスクリーム単体とは異なり、気温の上昇に伴って売上高は伸びていったのです。

　原因を調べてみると、気温が極端に高くなると濃厚な味のアイスクリームの売上は低下するものの、さっぱりした味のアイスキャンディーの売上が伸びて、アイスクリームの売上を補完していたことがわかったのです。

> **Hint**　「気温が上がれば、アイスクリームは売れる」といっても、温度が上がりすぎると逆の事象が現れます。
> 　売上が下がるときこそ、適正な分析をすることが必要です。例えば、売上高と気温の相関図を作成し、アイスクリームだけではなく、他の氷菓についても同様な相関図を作って比較すると、それぞれの特性が見えるようになります。

気温が高くなれば、アイスが売れる!?

➡アイスが売れる条件
・比較的高温（25〜30℃ぐらい）
・最低気温と最高気温の差が小さい
・湿度が高い

➡高温すぎると…
・食欲がなくなるため、飲料を飲む
・アイスクリームより氷を食べる

アイス
食べたい〜

32℃を超える
暑さになると…

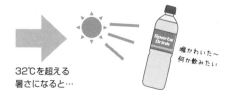

喉かわいた〜
何か飲みたい

4 思考手法…仮説思考

ロジカル・シンキングを意識していなくても、「仮説を立てる」ことはしているはずです。とはいえ、何でもかんでも「まず仮説を立てる」というやり方は正しいのでしょうか。ロジカル・シンキング的な「仮説思考」とはどんなことでしょうか。

◇ 正しい仮説思考とは

　仮説思考とは、何らかの事象を合理的に説明するため、真偽はともかく、具体的に明確な推論をして仮説を立てることです。それゆえに、**「理論的予言」**という人もいます。それを実験や観察などで検証して結論付ける、という思考手法です。

　その仮説が事実と合致すれば、推論が正しいと判断できます。それが公的に認められると「定説」といわれるようになります。ただし、立てた仮説は、1回限りではなく、同じ条件が整えば何回でも正しさを証明できなければなりません。再検証できないようであれば、「仮説」という名前に値しないのです。

仮説思考の進め方

事象 — 事象1／事象2／事象3 → 仮説立案 → 仮説検証 → 検証された考え → 定説

Hint　仮説思考を利用した**仮説（形式）帰納法**という思考法があります。個別の事象を説明できる仮説を立て、その仮説について論理的説明ができる、という思考です。

①ここに水がある。
②これを液体と仮定すると、液体の性質を持っていることがよくわかる。
③たぶん①は液体である。

　情報を効率よく集めて全体像を把握する方法として、仮説思考は有効です。仮説の証明に必要な情報だけを収集すればよく、関連性の薄い情報を収集する必要はないため、効率的な方法といえます。仮説が正しいと証明できなかった場合には、原因を分析し、再度仮説を立てて検証をする、という行為を繰り返します。

　しかしながらこのとき、自分の仮説や考え、以前に入手した知識や情報の正当性に固執し、自分の入手した情報・データについての自分の解釈を正当化し、それを裏付ける情報ばかりを集め、反する情報は排除する——ということがよくあります。いわゆる「正当化バイアス」が働いて、ウラをとったつもりになってしまいがちです。

　「"伝聞"、"私見"、"事実"を切り分けなさい」という話をしばしば聞くと思います。管理職が、部下から報告を受けるときに気を付けるべき事項でもあります。複数の伝聞に耳を傾けると、ウラをとったつもりになってしまいがちです。

　正しくない情報、不正確な情報をいくら集めても、それは「事実の裏付け」とはいえません。「信頼できる情報源からの報告なのか」、「信頼できるのであれば、その情報源はどこなのか」などを明確にすることが必要です。単なる「伝聞」であっても、情報源が明確なのかどうかによって、情報・データの信憑性に差が出ます。

　「私見」なのか「伝聞」なのか「事実」なのか、が不明瞭な報告もあります。自分の考えを、入手した情報であるかのように語る部下もいます。一方で、自分の考えを持つことも必要なので、私見を述べる際には「これは私の考えですが～」などと前置きする習慣を身に付けることが大切です。

　間に人が入る二次や三次の情報・データは、参考にはなっても最終的な、とりわけ重大な判断の材料にしてはいけません。一次情報・データでさえ真実ではないことも多いのですが、やはりウラをとるときには、一次情報・データを中心に収集し、それらを見渡した上で、自分自身で総合的に判断すべきだと考えます。自分の都合のよいように解釈してはならないのです。

Hint　部下の報告を聴くときなど、相手が言っていることは「裏付けがとれた事実」なのか、「話し手の意見や考え」なのか、「単なる伝聞」なのかを、きちんと言葉にして確認することが大切です。
　「この人の言うことだから信用してよい」というような、勝手な思い込みをしないことが肝要です。

◇ 仮説思考の落とし穴に落ちないために

既述のとおり仮説思考には「情報収集の対象を明確にし、効率よく情報を集め、当該課題の全体像を把握して論理展開できる」というメリットがあり、しばしば用いられる思考法です。

一例として、筆者のようなコンサルタントは、A社のコンサルティング依頼を受け、受注の前に秘密保持契約を結んでから、A社の財務諸表その他の資料を閲覧し、そこに問題点を見いだし、コンサルティングの方向性を出して、顧問契約の受注に結び付けるために用います。

限られた時間で情報・データから読み取る力がなければできないことです。限られた情報・データから、コンサルティングの核となる課題を仮説としてまとめ、それをもとに、ソリューションとして、どうコンサルティングできるのかを提案します。

仮説思考はこの例のように、限られた時間と情報という制約の中で思考するための有効な手段として利用され始めましたが、近年は、問題発見・課題解決に取り組む際の一般的な思考手法として利用されるようになりました。

仮説思考では次のように大きく３つのステップを踏みます。

- **第１ステップ**：ある状況下において、手元にあったり入手しやすかったりする資料から、情報・データを選別し、それらを整理して読み取れる情報から仮説を立てます。
- **第２ステップ**：その仮説に基づいて、自分なりの結論を推測します。
- **第３ステップ**：その上で、自分が立てた仮説を実証するために、必要な情報を収集し、その仮説の裏付けをします。

その結果として仮説が正しくないことが判明した場合は、原因を分析し、仮説を立て直して、改めて上記の３ステップを踏みます。必要に応じて、情報・データの追加収集を行います。

　仮説思考では、情報・データ収集の目的が明確になっている前提で思考するため、効率よく収集でき、少ない時間で結論を導き出せます。また、立てた仮説について情報・データ収集でウラをとる際にも、仮説に沿って収集作業を行うため、短時間に進められます。限られた時間内で大まかな結論を出すようなときには、大変有効な手段*だといえます。

　その一方で、仮説の証明に重点が置かれるため、それに引っ張られて「結論ありき」に陥り、その結論を裏付ける*ための情報・データに偏りが出てしまいかねません。結果として、一定の偏りのある情報・データをもとに判断してしまい、誤った結論につながることも懸念されます。

Hint　「まず仮説を立てる」という、あたかも一流ビジネスパーソンのやりそうなことが、必ずしも一流のやり方とはいえません。
　はじめに仮説を立てると、色眼鏡で見ることになり、真実がゆがんで見えてしまうことも多いのです。
　結論が出たら、いったんゼロベース思考で見直してみることが大切です。

色眼鏡で見ることで真実がゆがんでしまう

結論：ゼロベース思考で見直すことが大事

---

*…**大変有効な手段**　一方、仮説が容易に立てられなかったり、仮説が間違っていたりするときは、再びスタート地点に戻るべきである。

*…**を裏付ける**　あってはならないことだが、仮説を裏付けるため、恣意的に、仮説を証明しやすい情報・データだけを集め、それらをもとに結論を出すこともある。ときにはデータ改ざんという、絶対にしてはならないことまでして仮説を立証しようとすることさえある。

5 思考手法…原理・原則主義と選択肢思考（オプション思考）

思考には判断が伴います。判断すなわち意思決定をするときに、基準がなければ、決定にバラツキやブレが出てしまいます。原則を持ち、また、1つのアイデアに固執することなく判断をすることで、「ベターな判断」を行うことができます。

◇ ものさし主義という原理原則

「組織で動く」ことは経営の基本だといわれます。個々の力量がバラバラで十分に力を発揮できなくても、ベクトルを合わせて結束することで大きな力となります。企業は、経営理念や定款を最上位の判断基準とし、それに基づいて方針を決定したり、計画を策定したり、あるいは規定・内規等を定めたりします。これを「**ものさし思考**」とか「**ものさし主義**」呼びます。

日常のビジネス業務というのは、大なり小なり「判断業務」が付きまといます。

例えば「報告書を書く」というときは、どんな内容・構成にするか、箇条書きにするかどうか、鉛筆で書くかボールペンで書くか、といった判断が発生します。いきなりパソコンに向かって作業する人もいるでしょう。

こういった判断をするときの基準となるものを決めておくことを、「ものさし思考」といいます。上記の例ですと、修正が容易かどうかということを基準にすると、鉛筆とパソコンのどちらかを使うという判断になるでしょう。

でも、イメージを大切にする人は、紙にいろいろと書きながら作業を進めます。書いてるうちに、次第に全体構想がまとまってきます。そのイメージができたところでパソコンに向かえば、アイデアを整理しながらスムーズに作業を進められるので、その手順に慣れている人は、そういった方法をとるでしょう。

人によって判断基準は異なります。その判断基準が「ものさし」なのです。

　企業活動では、上述のように、判断のバラツキが出ては困るため、「見える化」が
なされている企業が多いでしょう。

　例えば、1つの作業を進めるのに、マニュアルが用意されているかもしれません。
しかし、過去に前例がないような非定型な作業の場合は、マニュアルもないでしょ
うから、自分で考えなければなりません。

　関連する内規や規定があれば、それが「ものさし」の1つとなります。取り組もう
としている作業にもよりますが、業務推進に関する作業でしたら、部門の月度方針
計画書を利用できるかもしれません。

　その方針計画書の上位には年度経営計画書がありますし、さらにその上位には中
長期経営計画や基本戦略、さらにその上には経営理念があったりします。

　このように、関連する上位の「ものさし」を利用することを「**上位概念主義**」とい
います。ものさし思考というのは、「上位概念主義」の考え方に基づいて判断したり
意思決定をするときに使います。

　「上位概念主義」では、「ものさし主義」の一環として、判断基準となる月度計画書
や規定・内規などを作成する場合に、上位の概念に反しないことが求められます。

　階層化された「ものさし」を上手に使いこなせることが、ビジネスパーソンの業務
処理能力の向上につながります。原理・原則に基づくことで、方向違いや大きな失
敗を避けることができます。

　以上のとおり、「ものさし主義」というのは「原理・原則」に基づく思考手法なの
です。

> **Hint**　「ものさし主義」が行きすぎると、判断を固定化してしまいます。「この判
> 断のためのものさしは、これでよいだろうか？」とクリティカルに見ること
> も忘れてはならないでしょう。

◇ 選択肢思考（オプション思考）でMECE展開

　伝統的な思考手法以外で利用すべきロジカル・シンキング的な思考手法の1つが、**選択肢（オプション）思考**です。複雑化したいまの時代には、単線思考ではなく複々線思考が求められており、時代に沿った思考手法といえます。

　「オプション思考」は、「選択肢を1つに特定せず、全体を俯瞰的に見てあらゆる可能性を考慮しながら、リスクを低減させたり効果を高めたりする複数の対応策で事にあたる」という思考手法です。そうすることで、将来起こり得る変化に適切に対応し、よりよい結果を生む可能性を高めることになります。

　改めてオプション（選択肢）思考とは何かを考えてみましょう。オプション思考とは、「複数の選択肢（オプション）を想定して、それぞれの案を厳しく評価することで、最終的に1つ（複数のこともある）を選択する思考法」といえます。

　オプション思考において選択肢（オプション）を決めるときは、選択肢の1つひとつについて、人によって異なるイメージを抱いたり異なる解釈をしたりする余地がないようにするべきです。また、結論が折衷的な妥協案などに落ち着かないようにしなければなりません。十分に吟味された選択肢を決め、それらが本当に甲乙付けられないほどによい案でなければ、そのあとに議論する意味がないからです。

　オプション思考のメリットは、「いろいろな角度・視点から課題に取り組むことができ、発想に幅を持たせることができる」ことです。その過程で、自社が抱える問題点を発見できたり、新たな課題があぶり出されたりします。その結果、そういった問題・課題に取り組むという新たな目標設定の機会ともなります。そして、改善・改革をさらに進めようという気持ちを高めることにつながることも多く、企業の新たな課題への挑戦の契機ともなります。

　すなわち、オプション思考を実践することで、自社の現状を俯瞰的に見直して、第三者的な客観的な見方に基づく意思決定につなげられるようになります。

◇ オプション思考を効果的に進めるには

　オプション思考で選択肢の項目を抽出する方法はいろいろあります。

　オプション思考を上手に使うポイントは、「選択肢として可能な限り多くの項目を列挙すること」、「選択肢の各項目のコンセプトを明確にし、各項目が原則として一意性を持っていること」です。

● オーソドックスな方法

　思い付くままに箇条書きにして書き出します。メモ用紙を手元に置いて、思い付いたらすぐにメモをとるようにします。手で書くことで記憶にも定着しやすくなり、新しいアイデアを連想しやすくもなります。

● 発散・収束思考を活用する

　ロジカル・シンキングで定番の発散・収束思考を活用することが多いです。

❶ **発散思考**……いろいろな方策が考えられるので、それを列挙してみましょう。ブレインストーミングを利用することが多いかもしれません。

❷ **収束思考**……ブレインストーミングなどによる発散思考で列挙された方策を整理し、重要度の高い順に並べ替え、いくつかの方策を選択します。方策がたくさんあってグループ化する必要性があるときは、KJ法を利用するとよいでしょう。ロジックツリーでMECEを意識して整理します。

❸ **オプション・マトリックスに整理する**……KJ法などによる収束思考で選択されたいくつかの方策を比較するために、3-4節のマトリックスの項で紹介している「**オプション・マトリックス***」の表頭（表の上端行）に選んだ方策を設定します。表側（表の左端列）には、「それぞれの方策をどのような視点で評価するか」という観点で設定した項目を入れます。表側項目は、目的によっていろいろな組み合わせが出てくるでしょう。

＊**オプション・マトリックス**　選択肢思考に利用するマトリックス。

❹**選択**……オプション・マトリックスをにらんで、どの方策がよいのかを選択します。文字で表記された情報だけで判断することが困難な場合は、定性情報を数値化して評価すると、判断の一助となるでしょう。項目を数値化した際に、表側項目の重要性にバラツキがある場合は、「**加重オプション・マトリックス***」を利用し、ウエイトをかけて算出する方法もあります。

このようにして選択した方策をもとに、アクションプランを立案し、実行に移していきます。

●**要素分解法を活用する**

オプション思考で選択肢の項目の設定をするときに、1-3節のMECEの項で学んだ「要素分解法」などを援用すると、選択肢の項目を出しやすくなります。

なお、オプション思考を利用するときに気を付けておくことがあります。

オプション思考でしばしば問題になるのは、発散思考で挙げた選択肢のうち、どれが現実に起きるのかという「発生確率」、およびその状況がいつ発生するのかという「発生時間・タイミング」の推測が難しいという点です。

とはいえ、とりあえず将来の変化についての選択肢・可能性がわかれば、いまから準備できることが明確になります。トラブルなどは誰しも好ましく思いません。リスクマネジメントの面からも、起きてほしくない事項が発生する可能性に対し、「損失を最小限に抑え、難局を乗り越えるにはどうすればよいか」といった対策を事前に検討する機会を設けるのは重要なことです。

> **Hint**
>
> どの方法を採用するにしても、「ものさし」がなければ判断にブレが生じます。
>
> 「ものさし」を持ち、オプション思考を行うことで、よりよい判断が可能となります。人と話したり文章を書いたりするときにも、判断の分岐点では、「ものさし」と「オプション思考」を組み合わせることを習慣にしてみましょう。

***加重オプション・マトリックス** オプション・マトリックスの選択肢にウエイト付けをして、意思決定を支援するマトリックス。

発散・収束思考を活用したオプション思考の進め方

目標:キャンペーンで1位になる

ブレインストーミングで列挙

KJ法で整理

| 方法A | 方法B | 方法C | 方法D |

オプション・マトリックス

	方法A	方法B	方法C	方法D
長所				
短所				
難易度				
経済性				
期待成果				

選択

| 方法B |

営業活動

6 論理思考に必須の思考手法…
階層思考・過程思考・枠組み思考

ここで紹介する思考方法は、論理思考に不可欠なものです。第3章で説明するロジカル・シンキング・ツールと連携して使います。前節の「選択肢思考」が横方向の思考であるのに対し、階層思考と過程思考は縦方向の思考手法です。枠組み思考は、先人の知恵を論理思考に活かせる思考方法です。

◇ 階層（ヒエラルキー）思考で思考を掘り下げる

「階層」は「**ヒエラルキー**」ともいいますが、ヒエラルキーとは「階層制」や「階級制」を意味するドイツ語です。現代の多くの企業もヒエラルキーの構造であり、ピラミッド型の段階的な組織構造として表せます。

そして、階層思考を「ピラミッド（型）思考」ということもあります。

階層思考では、水平方向の基軸上にMECEで要素が列挙されることが原則です。それらの各要素を細分化して、さらにMECEを原則とした要素が連なり、一般的にはツリー状に体系化・構造化した形になります。

すなわち、階層思考というのは、MECEを原則として、ピラミッド型に体系化されることで、同一レベルの事象がMECEに分類され、それらが階層的に分類・整理されている状態にして思考することです。このとき各事象は、上から順番に1つずつ小さなレベルに段階的に分解されているのです。

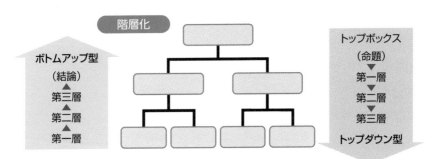

階層（ヒエラルキー）思考

例えば、テーマが「産業」であれば、一次産業、二次産業、三次産業というように大分類化されています。一次産業はさらに農業、水産業、鉱業というように階層構造化されています。このように細かく分類すると、ピラミッド型になることが多いのです。

階層思考には、上から細分化していく**トップダウン型**と、下から上方向に積み上げてゆく**ボトムアップ型**とがあります。前者の代表的なものにロジックツリーがあり、後者には**ピラミッド・ストラクチャー**があります。トップダウン型は既述の発散思考、ボトムアップ型は収束思考ということもできます。

MECEに階層化されていることにより、当該事象の構成要素が何であるかが明確になります。しかも、モレがないことが原則なので、事象を正確に、俯瞰的に見られます。すなわち、事象を論理的に見ることにつながります。

また、トップダウン型の階層思考で具体的な事例を検討するときに、命題・課題の定義が不明確なままだと、複数のメンバーで取り組む場合にモレや重複が生じる恐れがあります。上位事象の定義を軸に思考していかないと、ブレが生じてしまいます。

Hint 人前でスピーチするとき、パワーポイント（PowerPoint）などのプレゼンテーション・ツールが使えればよいのですが、使えない場合は、要点をメモして臨むのではないでしょうか。

そのメモをロジックツリーにして書いておけば、安心して、自信を持ってスピーチできます。

◇ 過程（プロセス／フロー）思考

プロセス（過程）思考はフロー思考ともいいます。業務や作業といったものは、目的達成のため、定められた過程を効率的・効果的に進めていくものです。

すなわちプロセス思考とは、「ある事象について、時間流・物流・金流・情報流・作業流などの流れの概念を取り入れて、事象全体を一連の流れ（過程）で把握・整理して考え、ムリ・ムダ・ムラを避ける生産性・品質向上のための思考法」だといえます。

プロセス思考の代表的なものに、ビジネスパーソンなら誰もが知っている**PDCA**＊が挙げられます。PDCAのようにフォーマットがすでにできているフローもありますが、後述（本文162ページ）のように、自分でフォーマットを作成して利用する場合もあります。後者に相当するのが、マーケティング分野で消費者の購買意思決定のプロセス（過程）を表した「**AIDMA＊の法則**」などです。

後者は、自分でプロセスを構築する方法です。その場合も、PDCAの精神を常に念頭に置いておくと、業務の流れをスムーズに構築できることが多いです。

プロセス思考を効果的に進めるには、目的の明確化、目的達成のためのアクションプランとその実行、その効果測定と結果の分析、次のステップにつなげる業務・作業、ノウハウの蓄積と定着化が不可欠です。

単なる思考法というだけでなく、AIDMAの法則に見られるように、成果を出すために、商談のプロセスにも着目し、各プロセスにおける業務・作業の改善の検討、結果を出す方策としてのプロセスのあり方の検討につなげます。

すなわち、プロセス思考は結果だけでなく、そのプロセスを重視し、自社のノウハウの蓄積につなげる手法だともいえます。プロセスの改善は好結果を生み出すことにもつながるのです。

過程（フロー）思考のイメージ

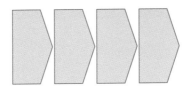

> **Hint**
> PDCAも5W1Hも、ビジネスパーソンならご存知でしょう。それぞれを単独で用いても効果を上げられますが、これらを連携させるとさらに効果的です。例えば「P：計画」について話したり書いたりするときに、5W1Hを盛り込むと、読み手・聴き手も大変わかりやすく、理解も深まります。

＊**PDCA**　　Plan（計画）、Do（実行）、Check（評価）、Action（改善）の略。3-5節参照。
＊**AIDMA**　Attention（注意・注目）、Interest（興味・関心）、Desire（欲求）、Memory（記憶）、Action（行動）の略。

第2章　ロジカル・シンキングの思考手法

◇ 枠組み（フレームワーク）思考

　フレームワーク（枠組み）思考とは、文字どおりものごとをフレーム（枠）に当てはめる手法であり、「先人が構築してくれてMECE状態ができているツールを用い、全体を体系化して整理し、論理的に考察することで結論を導き出す思考法」のことです。

　思考は、手がかりやきっかけがあると進めやすいものですが、そのヒントとなるのが「枠組み」です。すでにある枠組みをそのまま利用する方法に加え、使いやすいようにカスタマイズしたり、自分で新たに作り上げたりする方法もあります。

　この思考手法にはフレキシビリティーがあるというメリットがあり、その分だけ奥が深いともいえます。このフレームワーク思考には、先人たちが開発した様々なツール（道具）があります。場面や用途に応じて最適なツールを選択することが、ピント外れな答えを出さないコツです。ツールの代表例には、有名な「PPM分析」「SWOT分析」などがあります。

フレームワーク思考のツール例

●SWOT分析

S　強味　strength	O　機会　opportunity
W　弱味　weakness	T　脅威　threat

　フレームワーク（枠組み）思考は、ビジネスシーンにおける戦略策定、問題分析、マーケティングなど、様々な場面で使われます。そして、そのためのツールであるフレームワーク自体も多数あります。また、ビジネスだけでなく個人のライフプランやキャリアプランを考える上でも活用できます。

　フレームワーク思考には、ロジカル・シンキング・ツールのフレームを利用するのが一般的です。第3章のフレームワーク・ツールの項（3-3、3-4節）で詳しく解説します。

> **Hint**　フレームワークには、主にマーケティング分野で使われるツールとの親和性が高いものが多いのですが、例えば、マーケティングとはあまり関係のない結婚式のスピーチで、SWOT分析の表をイメージしながら、新郎新婦の新婚生活へのアドバイスをしてみてはどうでしょう。本人たちだけでなく出席者にも受ける、ユニークなスピーチになるかもしれません。

memo

第 ③ 章

ロジカル・シンキングで 活用する便利なツール

　頭の中だけの思考では、MECE にならなかったり、抽象的であったりしがちです。ここでは、前章で紹介した様々な思考手法を手助けするためのツールを解説します。

　ツールとして、まずはロジカル・シンキングと密接に関係する「ロジックツリー」が挙げられます。その他、フレームワークの代表的なツールである「マーケティングの4P」や、各種マトリックスのロジカル・シンキング的な利用法を学びます。そのほか、ロジカル・シンキングの助けになるツールについても復習しておきましょう。

ロジカル・シンキングのツール

ロジカル・シンキングには、ロジカル・シンキングに適したツールを利用するのが一般的です。ロジカル・シンキング専用ではないツールの中にも、ロジカル・シンキングに役立つものがあるので、あわせて紹介します。

◇ 論理的な思考を助けてくれる便利なツール（道具）

ロジカル・シンキングに役立つツールはに様々なものがあります。それらの中から、用途・目的に応じた最適なツールを選んで使いこなすのが、ロジカル・シンキングに精通する近道です。

ロジカル・シンキングのツール群は、2-6節で紹介している思考方法との関係により、大きく3つに分けられます。すなわち、❶階層思考型ツール、❷枠組み思考型ツール、❸過程思考型ツールです。

それぞれに下位の分類があり、さらに個々のツールに分けられます。本書では、それらの中から、ぜひ体得しておきたいツールを中心に紹介します。これまでの章と重複する部分もありますが、復習を兼ねてお読みください。

❶階層思考型ツール（ヒエラルキー）

このタイプのツールの代表は、ロジカル・シンキングで必ずといっていいほど利用される「ロジックツリー」です。論理的な思考には欠かせない重要なツールの1つです。ものごとをツリー状の階層に体系化して整理するものであり、前章で学んだ階層思考を進めるためのツールの1つです。

ロジックツリーは様々な場面で論理的な思考を助けてくれます。よく理解して実際に使えるようになることが、ロジカル・シンキングの第一歩といえるでしょう。

例えば、ものごとを整理・分析して問題の原因を究明したり解決策を導き出したりするときや、相手にわかりやすく話す（伝える）ことを目的とするプレゼンテーションにおいて、このロジックツリーは力を発揮します。階層化されていて、要素同士の関係を俯瞰的に見ることができ、わかりやすく整理された論理的なプレゼンテーションが可能となります。

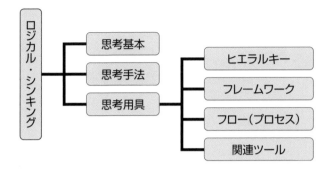

ロジカル・シンキングのツール体系

❷枠組み思考型ツール（フレームワーク）

　先人たちが長年の研究で工夫を積み重ねて作り上げてきた「フレーム」を使って思考するツール群が、フレームワークです。

　例えば、「マーケティングの4P」のような定型フレームに合わせて、自分の考えを整理し、思考します。フレームワークの1つであるマトリックスは、表形式で縦軸と横軸に基軸を置いて整理・体系化することで分析を行うもので、「PPM分析」「SWOT分析」などが代表例です。

　また、同じく表型式である非定型のマトリックスも、この仲間です。標準的な形式の単純マトリックス以外にも、コンパリスン・マトリックスやオプション・マトリックスなどがあります。マトリックスは一覧性が高くて整理しやすく、いろいろな視点から新しい発想や創造的な議論をする場合に適しています。

❸過程思考型ツール（フロー）

　フローは、個々の要素を別々に考えるのではなく、プロセスを整理して、連続した一連の流れの中で要素同士の関連性を全体的に捉えて考えるのに適したツール（道具）です。

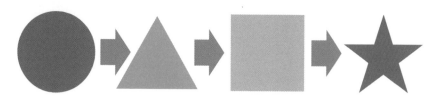

フローのイメージ

　論理的な思考を助けてくれる便利なツールはいろいろあります。用途に適した使い方ができるように、まずは各ツールの特徴などを頭に入れるところから始めましょう。

　ロジックツリーをはじめとする各種のツールについては次節以降で詳述しますが、これらのツールは、問題を整理し、分析し、意思決定をするときだけでなく、プレゼンテーションのように相手の理解や納得を得るときにも使います。

◇ ツール（道具）は使い方がポイント

　ロジカル・シンキングには様々なツールがあります。何にでも使える汎用的なツールが1つあって、常にそれを使えば論理的な思考ができるようになる、というわけではありません。その時々の場面によって、必要なツールを使い分けます。ツールを活用するときにまず押さえるべき重要なポイントは、「場面に応じて適切なツールを選択する」ことです。

　そして、選択したツールをどのように活用したらよいのかを理解していなければ、正確な分析や適切な整理ができず、問題や原因の分析がピント外れになってしまい、「余計に時間がかかってしまった」などという結果になりかねません。

　ツールは、思考を整理して状況を正確に分析したり、事実の収集をして原因の本質を見極めたりする際に使うのであれば大変便利ですが、使い方がよくわかっていないと、問題や原因の分析・解決が不十分であったり、できなくなったりします。

　登山をしようとして、本を読んだり用具を購入したりして事前に準備したとします。しかし、必要と思われる装備が揃っていても、装備（ツール）の使い方を知らなければ役に立ちません。

　ビジネスの世界でも同じです。スピードを求められている現代では、突然起こる予期しない問題や課題に対しても、できるだけ早く対処しなければ、最悪の事態を招いてしまうことさえあり得ます。そんなとき、「え～と、どれを使ったらよかったっけ?」などと、道具を探したりはしないでしょう。

分類ごとのツールの特徴

分類名	概要	欠点
ヒエラルキー	テーマを細かく分解して、ツリー状に体系化して整理する場合に適する	MECE をベースに整理するのに時間がかかる
フレームワーク	テーマが明確で、どのようなことをすべきかわかっている事象を整理するときに便利	最適なフレームが見付からないときは、フレームを自作しなければならない
フロー（プロセス）	時系列やプロセスのような、一連の流れのある事象を表現するときに用いられる	形が決まっていないことが多く、形を整えるまでに時間がかかる

ロジカル・シンキングに使われる思考手法とツール

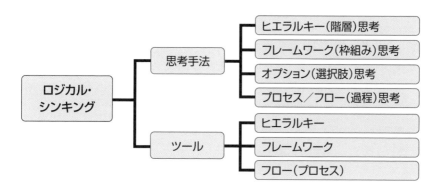

　また、正しい道具を選んだとしても、間違った使い方をして誤った答えを出したとしたら、先ほどの登山のたとえと同じで、あなたの会社の状況はさらに悪くなってしまうでしょう。

　道具は、使い方を正確に覚え、適切なときに適切な使い方をすることで、効果を発揮するのです。そして、ツールは思考法とリンクして使うと効果的です。せっかくの道具を使いこなせるように習得しておきましょう。

> **Hint**　ツールにはそれぞれ特徴があります。分類ごとの特徴を理解した上で個々のツールの特徴を知っておけば、適切な利用が可能となります。
> 　ツールの特徴を意識しながら日常的に利用しているうちに、特段の意識を払わなくても適切なツールを選べるようになるでしょう。

◇ ロジカル・シンキングに使う便利なツール

　ロジカル・シンキングには、専用のツールがあるわけではありません。既存の各種のツールをロジカル・シンキング的思考で使い、意思決定に活かすのです。目的によっては独自のツールを作ることもあります。

　ロジカル・シンキング・ツールは、既述のように大きく3つに分類すると理解しやすいです。

●ヒエラルキー（階層型）思考ツール

　ヒエラルキーとは「階層（制）」のことで、官庁などのピラミッド型の階層組織を思い描くとわかりやすいでしょう。このタイプのツールは、思考手法の1つである階層思考をするときに多用されます。

　次節では、ヒエラルキー・ツールの代表として、ロジックツリーおよびピラミッド・ストラクチャーを紹介します。

ツール（道具）の使い方を知ろう

おや？
山の天気が急に
悪くなったぞ。

前が見えない〜。
みんなと
はぐれちゃうよ。

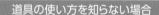

道具の使い方を知らない場合

まずいぞ!
ロープが切れちゃった。
え〜と、こんなときは
どれを使うんだっけ？

ピッケル？

ロープ？

使い方が
わからない
し、重たい
だけだ〜!

道具の使い方を知っている場合

まずいぞ!
ロープが切れちゃった。
でも大丈夫!　こんなとき
はピッケルを使って……。

覚えていて
よかった!

大丈夫
かな……？

安心
安心!

●フレームワーク（枠組み型）思考ツール

　フレームワーク（枠組み）思考をするときに便利なツールです。ロジカル・シンキング・ツールとしては、さらにフレームとマトリックスとに大きく分けられます。先人が作ったフレームワークを利用することで、思考を効率的かつ効果的に進められます。

ロジカル・シンキングのツール構成

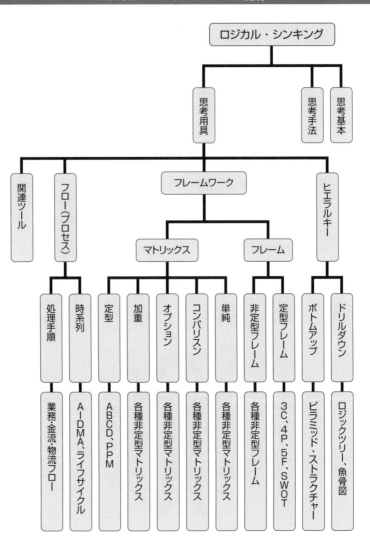

フレームは、ロジカル・シンキング専用のツールではなく、一般的に利用されている枠組みをロジカル・シンキングにも利用するかたちです。代表的なものに「3C分析」や「マーケティングの4P」などがあります。

マトリックスは、ビジネス環境ではしばしば利用されるので、皆さんもよくご存知のことでしょう。ここではABCDセグメント表、PPM分析を紹介します。

前述のように、先人が開発したツール以外に、利用者が独自に項目を設定して各種の非定型マトリックスにする利用法もあります。

●フロー（過程型）思考ツール

フロー（過程）思考を進めるためのツールです。典型的なのは、時間的な流れに伴う変化に注目して思考するためのツールです。その他、物流、商流、資金流、業務流などの流れで考えるのもよいでしょう。

フローの例としては、技術進歩の予測や新商品開発計画のロードマップなどがあります。また、マーケティングの基本である「AIDMAの法則」も、商談の流れに沿って思考するため、フローに属します。コンピューターのソフトウェア開発に使われるフローチャートや、業務処理手順を表すチャートも、この仲間です。

商品ライフサイクル・ツールも、新商品の誕生から終焉までの流れに沿って戦略を立案する用途に用いられるため、フローの仲間だと考えられます。

●関連ツール

既述のとおり、一般にロジカル・シンキング・ツールの仲間には入れられない「ブレインストーミング」や「KJ法」も、ロジカル・シンキングのツールとしてしばしば使われます。

> **Hint**　その他の様々なツールも、体系化し、思考手法とリンクして体得しておくと、適した場面で利用しやすいでしょう。

② ヒエラルキー・ツール… 階層思考に利用

第2章で階層思考についてお話ししましたが、ヒエラルキーというのは「階層」を意味します。階層思考を進めるための代表的なツールがロジックツリーであり、ピラミッド・ストラクチャーです。

◇ ロジカル・シンキングの代表的ツールであるロジックツリー

　ヒエラルキーに属するツールには、いくつかの種類があります。代表的なものとしては、ロジックツリーが挙げられます。「ロジカル・シンキング＝ロジックツリー」と思い込んでいる人がいるほど、このツールは近年、私たちの身近なものになっています。

　ロジックツリーは、何らかの課題・問題を、原因追究や解決策検討などのため、MECEの考え方に基づいて論理的（ロジカル）に展開し、階層化してツリー状に分解・整理するツールです。

　このツールは、私たちがものごとを深掘りする際の思考に役立ちます。「より明快な筋道を立てて、原因を探り、その解決策を見いだす」ことができ、様々な用途に使うことが可能です。

　ロジックツリーは、原因追究に用いる場合は**Why**ツリー、対策や方法論を展開する場合は**How**ツリー、課題解決で「何を」を追求する場合は**What**ツリーと呼ばれます。大半がこの3つのいずれかに属します。重複した分類法になりますが、ビジネス界では「戦略・戦術ツリー」と「実行・実現ツリー」を、Whatツリーとは切り離して考えることもあります。

　ロジックツリーでは、通常はトップボックスから下方に向かって作業を進めます。このやり方を**ドリルダウン**とか**トップダウン**といいます。ただし、ロジックツリーに慣れていない場合には、ブレインストーミングによってできるだけ多くの項目を列挙し、KJ法などを使ってグループ化する方法があります。このやり方を、ドリルダウンに対して、**ステップアップ**とか**ボトムアップ**といいます（後述の「ピラミッド・ストラクチャー」を参照）。

では、ロジックツリーの一般的な作り方を整理してみましょう。

❶トップボックスの定義を明確にする

ここで、トップボックスの課題・命題の決め方ですが、できる限り具体的に規定し、複数の意味に読み取れたり、間口が広すぎて膨大なロジックツリーになったりしないように注意します。

何のためにロジックツリーを作るのか、目的を明確にしてトップボックスの定義付けを確認します。特に、複数の人が1つのテーマに取り組む場合には、ここが不明確なままだと視点がずれてなかなかまとまりません。たとえまとまっても、木に竹を接いだようなロジックツリーになってしまいがちです。

❷第一層ボックスの項目を列挙する

「トップボックスを実現するために何をするか、何が考えられるか」が第一層です。なお、トップボックス自体を第一層と呼ぶ場合もありますが、本書では、トップボックスの1つ下の層を「**第一層**」としています。

第一層の項目をどう設定するかで、ロジックツリーがまったく異なった形になります。第一層は、MECEに項目を分けることが重要です。

例えば、「収益が向上しない」という課題の原因分析をしようというテーマの場合、営業部門だけの問題として考えると、原因追究にモレが生じてしまいます。そこで、例えば収益に関連する全部門を第一層に持ってくれば、モレや重複がなくなります。

第一層の項目は、MECEであると共に、各項目のウエイトが同じでなければなりません。ウエイトというのは抽象性・具体性のレベルを意味しており、そのレベルを揃える必要があるのです。

上の例でいえば、事業部、部、課といった異なるレベルの部署を並列に並べると、第二層以下が第一層のボックスごとに異なるレベルになってしまい、相対的な比較が難しくなります。ただし、企業によっては一部の課が実質的に部レベルだったりして、部や課が並列になる場合もあるかもしれません。

❸第二層とそれより下層のボックス設定

　第二層の決め方によって、全体の構造が大きく異なってきます。第二層は、項目数が多くなると、全体が横に広がりすぎて使いにくくなります。

　第二層に限らず、各層で下方に展開するときには、「Why？（なぜ）」「Why so？（なぜそうなの）」「さらに詳しくいうと」など、ロジックツリーの目的に応じた言葉を意識して展開していきます。

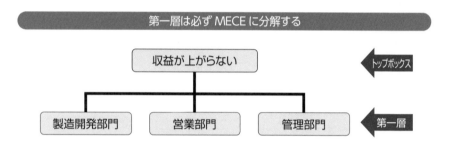

　第一層の各ボックスの下に、対応する要素をMECEにぶら下げます。第一層はMECEでなければなりませんが、第二層は原則としてMECE、第三層以下もできる限りMECEにします。テーマによってはMECEにならないこともあります。その場合は、「その他」というボックスを設けることもありますが、おすすめはしません。

❹全体の見直し

　できあがったら、全体のバランスを中心に、見直しをしましょう。各階層がMECEの条件を満たしているか、各階層が同一のウエイト（レベル）の項目となっているか、階層数が浅すぎて掘り下げが不十分になっていないか、を確認します。

　ロジックツリーは、作り終わってからトップダウンとボトムアップを繰り返して、整合性がとれているかどうかを確認します。

ロジックツリー作成のポイント

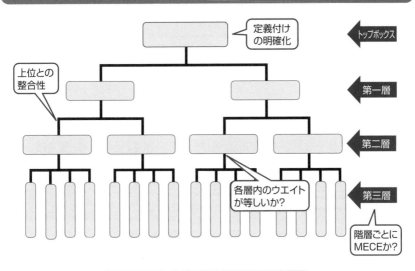

ロジックツリー作成のポイント

・メインテーマ(トップボックス)の定義付けを明確にすること
・原則として各階層がMECEになっていること
・各階層が同じウエイトの項目になっていること
・各要素などがメインテーマ(トップボックス)にリンクしていること
・ツリーの下位層と上位層の整合性がとれていること

Hint　「ロジカル・ライティング」という、文章を書くためのスキルがあります。文章を書くときにもロジカル・シンキングの階層思考を取り入れると、論理的で体系立った文章が書けます。

　論文などの文書作成や、オーラルコミュニケーション (口頭によるコミュニケーション) だけでなく、パワーポイントによるプレゼンテーションの全体構想を練るときなどにも、ロジックツリーを利用できます。

第3章　ロジカル・シンキングで活用する便利なツール

◇ ロジックツリーと箇条書き

　問題点などを整理するやり方として、**箇条書き**という方法もあります。ロジックツリーと箇条書きを比較した場合、どういった違いがあるのでしょうか?

●課題
　　ある会社において、「A商品の売上はなぜ伸びないのか」という議題で営業会議が行われ、様々な問題点や原因が挙げられています。それらを、箇条書きとロジックツリーを使って整理してみましょう。

　最初に、本文108ページの図を見てください。これは、営業会議の議題(主要課題)について、出てきた問題点や原因を、箇条書きとロジックツリーでそれぞれ表したものです。

　まずは、このロジックツリーがきちんとできているかどうかを検証してみましょう。

　トップボックスでは、「A商品の売上はなぜ伸びないのか」という原因追究のWhyツリーを作ることが明確になっています。定義付けは問題なさそうです。

　第一層では、原因を要素別に検討するために、この会社で考えられる要素をすべて列挙しているとします。その条件ではMECEといえます。それぞれ各要素のウエイトも同等であるとします。

　第二層では、第一層の各要素の課題が列挙されています。しかし、必ずしもMECEとはいえません。原因追究の場合には、ここでモレがあると不十分な対応策の立案につながり、期待相応の売上改善にはつながりません。

　また、このロジックツリーは第二層で終わっています。例えば、第二層の「営業パーソンのモラルが低い」だけでは、その対策は「営業パーソンのモラルを高める」という抽象的な方針決定で終わりかねません。営業パーソンのモラルが低いのはなぜなのか、その原因を第三層で明確にしておく必要があります。

　箇条書きとロジックツリーを見比べてみると、基本的に内容は同じですが、ロジックツリーのほうは、それぞれ縦のラインが問題に対しての階層的な原因要素であり、横のラインはMECEで見た原因要素となっています。

　ロジックツリーも箇条書きも同じ目的で使うことが多々あります。ただし、ここで取り上げている事例のような場合、ロジックツリーは、「問題に対しての原因要素」枠および「MECEで見た原因要素」の枠という、それぞれの原因要素ごとに着目して思考できるため、問題点などを整理・思考する際に大きな効果があります。

　この例では、それぞれの原因要素を簡略化していますが、実際には階層をさらに増やしていくことも考えられるため、より有効性が高くなります。

　こういった場合、箇条書きでは上記のような見方は難しいのです。また箇条書きには、階層が深くなると見づらい、という欠点があります。その一方で、ロジックツリーでは各ボックス内に文字がたくさん書き込まれると見づらくなりますが、箇条書きならば狭いスペースにコンパクトにまとめることができます。

　この2つのツールは、どちらが優れているというのではなく、目的に応じて使い分けるのがよいでしょう。いずれにしても、ロジカル・シンキングでは、基本的にはMECEであることが求められるので、重複やモレがないかどうかのチェックを欠かすことはできません。

Hint

　箇条書きを使う場合も、階層的に書き出すことで、話したり書いたりするときにメリハリを付けられます。

　箇条書きの各項目をレベルにより字下げしたり、行頭記号に意味付け（例えば「■：大項目」「◆：中項目」「・：小項目」…など）をして書き出したりすると、話をするときなどは、自分自身にもわかりやすくなり、自信を持ってスピーチやコミュニケーションができるでしょう。

箇条書きとロジックツリー

議題（主要課題）：
A商品の売上はなぜ
伸びないのか

箇条書き

●**営業社員の活動の問題**
・営業パーソンのモラルが低い
・管理の問題
・目標意識の欠如

●**販売ルートの問題**
・直販or商社が曖昧
・売り場選定ミス
・新ルート開拓不足

●**商品そのものの問題**
・ニーズ不適合
・完成度不足
・その他

原因要素ごとに
論理的に検討
できるんだ。

ロジックツリー

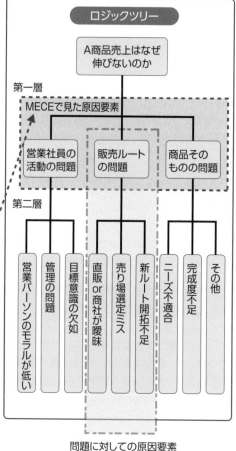

A商品売上はなぜ
伸びないのか

第一層

MECEで見た原因要素

| 営業社員の活動の問題 | 販売ルートの問題 | 商品そのものの問題 |

第二層

営業パーソンのモラルが低い｜管理の問題｜目標意識の欠如｜直販or商社が曖昧｜売り場選定ミス｜新ルート開拓不足｜ニーズ不適合｜完成度不足｜その他

問題に対しての原因要素

◇ ロジックツリーの視覚的影響

　前ページにあるようなロジックツリーは、上下方向に階層を分けていますが、これを**縦型ロジックツリー**といいます。これに対して、水平方向に階層を分ける表現法があります。これを**横型ロジックツリー**といいます。

　近年は、パワーポイントなどのプレゼンテーションソフトを使ってプレゼンテーションをすることが多くなりましたが、どのソフトを使うにしても、通常、ディスプレイやプロジェクターの画面は横長です。

　そのため、縦型ロジックツリーでは収まりが悪いということもよくあります。また、ボックス内の文字数が多い場合も、横型のほうが無理なく表示できることが多いようです。

　横型ロジックツリーであっても、トップボックスや場合によっては第一層くらいまでは文字を縦書きにしておくと、階層が深くなったときにも、水平方向が画面に収まりやすくなります。目的や状況に応じて、縦型にするか横型にするか、あるいは文字を縦書きにするか横書きにするかを決めればよいでしょう。

　一見、このことは単なる表現上の問題のようですが、人間は情報の80%以上を視覚から得ているといわれており、視覚的な印象は相手への訴求力に大きく影響します。ロジカル・シンキングは、相手の納得が得られて初めて目的を達成できます。見た目の大切さを忘れてはいけません。

横型ロジックツリーで印象が変わる

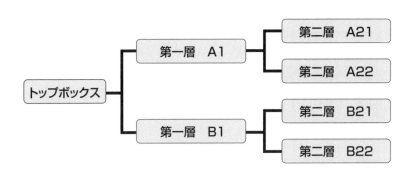

　前述のように、ロジックツリーでは同一階層におけるMECEおよびウエイトの同等性が重視されます。何らかの問題の原因追究など、自分たちの業務に利用する場合、このルールは非常に重要です。一方、プレゼンテーションをしたり文書として作成したりする目的でロジックツリーを使う場合は、見る人に与える視覚的な印象を無視できません。ロジックツリーの視覚的な印象に関しては、**3・3の法則**といわれるものがあります。

　プレゼンテーションでは、「視覚的に安定感があって、見やすい」ことのほうが重要になるため、必ずしも上述の原因追究の場合のような原則に固執しなくてもよいでしょう。見た目には、各階層が3ボックス程度に分かれていると、バランスよく見えます。また、階層も第二層程度まで、多くても第三層までにとどめておくと、すっきりした印象になり、見る人に伝わりやすくなります。各階層3ボックスおよび3階層の3をとって、「3・3の法則」といわれています。

　ただし、繰り返しになりますが、自分たちがロジカル・シンキングで課題を整理して対応策などを考える思考段階においては、見た目だけでなく、MECEにすることのほうが重要です。一方で、プレゼンテーションなど、他人を説得するような用途のときには、視覚的効果を重視し、上述の3・3の法則を念頭にロジックツリーを作り直すとよいでしょう。

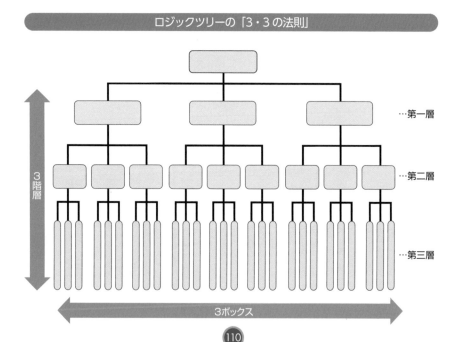

ロジックツリーの「3・3の法則」

…第一層

…第二層

…第三層

3階層

3ボックス

◇ 問題の原因を探る

　本文58ページの課題に出てきたR社は、ランチボックス（弁当箱）の開発・製造・販売を行っているメーカーです。創業以来の地道な努力が実って、国内ではNo.1のシェアを保っています。しかし、最近は業績が思うように伸びず、ランチボックス業界2位のS社にその地位を脅かされつつあります。

　そこで、これ以上の状況の悪化を避け、業績を伸ばすためにはどうしたらよいかを考えることになりました。まずは自社の現在の問題点を、商品開発・営業・製造など各部署ごとに列挙して、業績が伸びない原因を追究しようとしています。

●課題

　R社の社員の立場に立ち、本文108ページの図にならって、まず、考えられる問題点を箇条書きで挙げてみましょう。それから、ロジックツリーでも考えてみましょう。

箇条書き

　商品開発部の問題

　・

　・

　・

　営業部の問題

　・

　・

　・

　製造部の問題

　・

　・

　・

ロジックツリー（問題点の抽出）

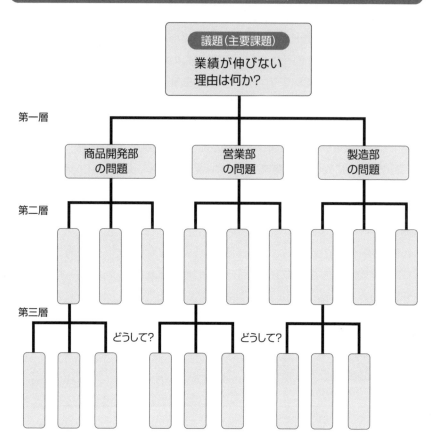

　ここまで、課題に沿って、ロジックツリーを皆さんに考えてもらいました。各部署とも様々な問題点があったと思いますが、それには必ず原因があります。

　最終的には問題点を解決する必要がありますが、そのためには「その問題がどうして起こっているのか」、すなわち「問題点の原因」を考えることが重要です。

　それでは、営業部の例で考えてみましょう。

　営業部で挙げられた問題点の中には、「営業パーソンが営業をしていない」というものがありました。「ただそう感じるだけなのか、それとも実際に営業していないのか、していないのであればその理由は何か」を検討した結果、どうやらその原因は次の3点にあるとわかりました。

営業部の課題

報連相はやらなくても、何も言われないし…。

商品のことはわからないけど、とりあえず外出しておこう。

みんなこんな感じだからなぁ…。

上司

部下

❶上司が部下の行動、成績などを管理していない。
❷営業パーソンの、商品についての知識が不足している。
❸営業部全体が、「営業をしなくても」という体質になっている。

　ロジックツリーを作ることにより、営業部のやらなければならないことが見えてきたのではないでしょうか。
　次の段階では、いよいよ解決策を考えていくことになります。
　また、営業部以外の問題点についても、同様の原因追究を行っていきます。

◆ 問題の解決策を練る

　各部署でポイントとなる問題点が把握され、その原因も明らかになってきました。そこでR社では、各部署ごとに、把握された問題点の解決策を会議で考えることになりました。

　ここで皆さんには、先ほどのR社の営業部の解決策を考えてもらいましょう。

　営業部では、抽出した問題点を解決するために会議を行うことになりました。テーマは「会社の業績を伸ばすために、営業部の問題をどのように解決するか？」です。

　営業部としての問題点は、前ページで述べた「営業パーソンが営業をしていない」に加え、「販売ルートが乏しい」、「目標が不明確である」の合計3点でした。

　まず、「販売ルートが乏しい」という問題については、現状の販売ルートの見直しの結果、「新規量販店の開拓をする」、「取引通販会社の再選定をする」、「インターネットを活用する」の3点によって良質の販路を拡大していこう、ということが挙げられました。また、インターネットの活用の部分では、自社ホームページからの販売とそれを促進するためのメールマガジンの発行、SNSの活用などが決まりました。

　次に、「営業パーソンが営業をしていない」という問題については、「商品知識はもちろん、数値的なものからモラルに至るまでの一貫した教育をする」、「営業業務の一環である売掛金回収責任を各営業パーソンに徹底させる」、「営業行動管理を行っていく」の3点が挙げられ、さらに行動管理の部分については、月報、日報、ネゴシエーションリストの採用が決まりました。

　そして、「目標が不明確である」という問題については、各営業パーソンがそもそも会社の目標を知らないなど、目標意識が欠落している状況であるため、「会社の経営計画を提示・説明する」、「それに基づき数値目標を作成する」、「各営業パーソンの成績をオープンにしていく」の3点が挙げられました。そのうち営業数値目標については、拠点別、チーム別、個人別に作成し、営業成果がよく見える体制を作ることが決まりました。

　次ページの図は、それぞれの問題点の解決策をロジックツリーで表したものです。

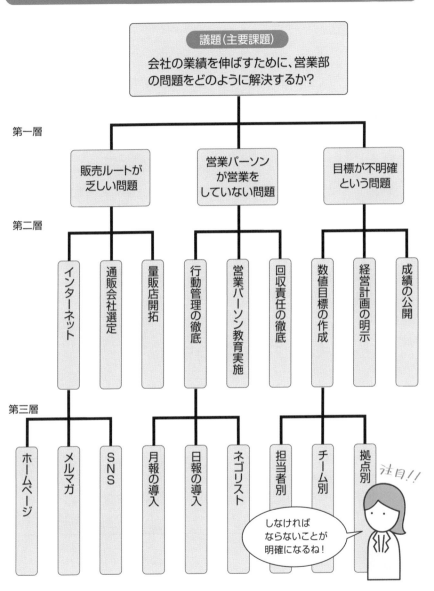

ロジックツリー（問題解決策を練る）

議題(主要課題)

会社の業績を伸ばすために、営業部
の問題をどのように解決するか？

第一層

| 販売ルートが
乏しい問題 | 営業パーソン
が営業を
していない問題 | 目標が不明確
という問題 |

第二層

インターネット　通販会社選定　量販店開拓　行動管理の徹底　営業パーソン教育実施　回収責任の徹底　数値目標の作成　経営計画の明示　成績の公開

第三層

ホームページ　メルマガ　SNS　月報の導入　日報の導入　ネゴリスト　担当者別　チーム別　拠点別

注目!!

しなければ
ならないことが
明確になるね！

　まずトップボックスに課題・議題が示され、以下、ツリーの第一階層にはそれに対する問題点があり、第二階層には問題ごとの解決策が置かれ、第三階層では解決策が細分化されています。

　この例でわかるように、ロジックツリーは、問題把握、原因追究、解決策の検討とその記載が同時にできます。そのため、プレゼンテーションのように他人に説明する場合、聞く側にとっては具体的でわかりやすく、納得の得られやすいツールだといえるでしょう。

　ちなみに、ロジカル・シンキングからは多少脱線しますが、営業部門の強化に役立つ**SFA**＊というシステムがあります。営業効率を高めるための効果的なアプリケーションの1つです。使い方が難しいといわれますが、利用の仕方次第では大きな効果を得られるシステムです。SFAで蓄積された情報やデータを整理すると、R社のようなケースでは効果的でしょう。

　SFAで蓄積されたデータは、必ずしもMECEではありませんが、下層に展開できる場合が多いのです。ロジックツリーで整理すると、業績のよい営業パーソンの行動パターンが見付かるかもしれません。

Hint　昨今では、SFAを独立のシステムとして利用するというよりは、営業効率改善のために、販売管理システムをSFAの作業分析や商談時系列分析の機能と連携させるかたちで利用します。
　また、**CSA**＊の考え方に基づき、顧客満足度の視点を取り入れたSFAの利用法もあります。
　これらの統合的なデータを、論理思考による管理会計マネジメントにも役立てています。

＊**SFA**　Sales Force Automation の略。営業支援システム。
＊**CSA**　Customer Satisfaction Analysisの略。

◇ピラミッド・ストラクチャーで収束思考を視覚化

　ピラミッド・ストラクチャーは、ロジックツリーと同じく、ヒエラルキー・ツールのうち、階層構造や枝分かれを特徴とする「ツリー型ツール」の１つです。

　両者とも形状は似ていますが、作成についての考え方が根本的に異なります。結果的には類似形となるため、この両者をひとまとめに扱っている場合もあります。ここでは、思考方法が異なることから、両者を別のものとして扱います。

　ロジックツリーは、まず議題（主要課題）を掲げ、**トップダウン（ドリルダウン）**でその原因要素を考えていく、というものでした。原因要素がMECEに網羅されていくことで、解決するための方法を多く挙げることができる、という利点があります。

　考えられる多くの方法を列挙していくため、それを実行する際には、優先順位を付ける必要があります。優先順位の高いものについては実施すればいいのですが、低いものについては、現実的には実施不可能なものが含まれる可能性もあるため、部分的には無駄な労力を使ってしまうという側面もあります。

　それに対し、ピラミッド・ストラクチャーは、収束思考を見える化するツールです。具体的な情報や事実から**ボトムアップ（ステップアップ）**で結論を導き出すというものです。そのため、実施不可能という概念はありません。ブレインストーミングと組み合わせて使うことが多々あります。

　以下では、ロジックツリーとピラミッド・ストラクチャーを、それぞれ例を挙げて説明しています。本文119ページの図とあわせて見るとわかりやすいでしょう。

●ロジックツリー

　議題として、「社員教育を行う理由」が掲げられています。その議題を考えるにあたっては、MECEに基づくことが必要です。

　その結果、社員教育を行う理由としては、「社会人としての常識を理解させる」「愛社精神を養う」「業務知識を取得させる」の３つが考えられます。

　さらにそれら３つの実施項目として、「道徳教育」「マナー教育」「研修旅行」「社長との懇談会」「OffJT」「社内事例発表会」が挙げられています。

●ピラミッド・ストラクチャー

　発散思考で挙げられた社内の事実として、「社員の遅刻が多い」「社内外での挨拶ができない」「社内行事に参加したがらない」「社章を身に着けない」「商談がうまくいかない」「部下ができない」があります。

　そうした事実がどうして発生しているのかを検討した結果、「社会人としての常識の欠如」「愛社精神の欠如」「業務知識不足」が原因とされました。この３つの原因を解消する方策として、「社員教育をすべきである」との結論が導き出されました。

　例えば、次ページのピラミッド・ストラクチャーでは、ブレインストーミングで最下層（こちらが第一層となります）のボックス事項を書き出します。

　グルーピング手法でグループ化し、KJ法で各グループにグループ名を付けます。そのときに、「どうして？」「なぜこのようなことが起きるの？」といったキーワードで、グループ化やグループ名付けをするとよいでしょう。

　この事例では、第二層が上述のグループ名となります。ブレインストーミングで書き出した事項が多いときには、さらに第三層などの上位層を作りますが、最終的には結論としてトップボックスに到達します。

　ロジックツリーではトップボックスの命題を最初に明確に掲げますが、一方のピラミッド・ストラクチャーはトップボックスに入れる結論を絞り出す方法なのです。

　いかがでしょうか？　アプローチの仕方がまったく違う、ということがおわかりいただけたのではないでしょうか。

　また、ピラミッド・ストラクチャーにより「事実➡問題の把握➡理由付け➡課題の抽出」を行い、ロジックツリーにより「課題の提起➡課題に対する目的の把握➡具体的解決策の抽出」を行う、という一連の流れも実感してもらえたと思います。

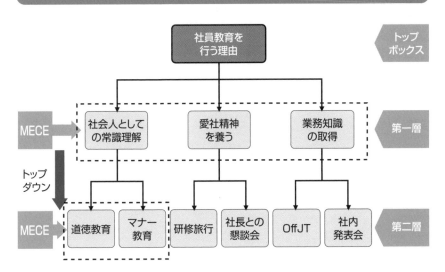

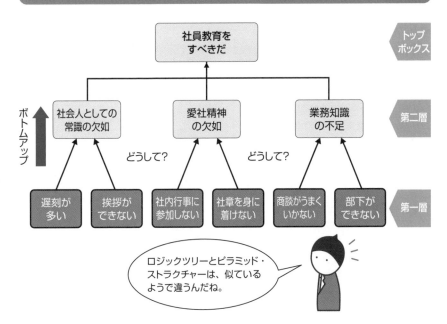

◇ ロジックツリーとピラミッド・ストラクチャーの違い

ロジックツリーとピラミッド・ストラクチャーは、どちらもツリー状の形であるために混同されがちです。前項と重複しますが、あえて「違い」という視点で説明をしておきます。

ロジックツリーのトップボックスを決める際に、収束思考を利用することもあります。収束思考にはピラミッド・ストラクチャーを利用することもあります。

ピラミッド・ストラクチャーは、「わが社の問題点は何だろう」というような、間口の広い問題の場合に用います。形式はロジックツリーとよく似ていますが、目的や手法はまったく別物です。

ロジックツリーは、発散思考に基づく発想展開のための代表的なツールの1つです。

それに対してピラミッド・ストラクチャーとは、ブレインストーミングの発散思考により、混沌とした状態のときに、それを「まとめ上げる」、すなわち集約・収束させて問題・課題などを明確にするためのツールの1つです。たくさんのアイデアをグループ化し、集約しながら、それらの底辺に流れる源流を探し出すという、収束思考のための代表的な方法の1つなのです。

3

フレームワーク・ツールで
ロジカル・シンキングを進める

ロジカル・シンキング・ツールの2番目の分類にあるフレームワークは、フレームとマトリックスの2つに大別されます。この節ではまず、先人の考え方を利用した枠組みをロジカル・シンキングに利用する「フレーム」について紹介します。
フレームワーク・ツールは、本書で紹介するもの以外にも多数あるので、用途に応じ、適切なツールを選択して活用してみてください。

◇ フレームワーク思考のツール

　ロジカル・シンキングで用いるツールは、広い意味ではすべて「フレーム」であるといっても過言ではありません。本書では、フレームという用語を狭い意味で使っています。

　フレームワーク・ツールは、第2章で紹介した「枠組み思考」という思考手法を実践するために、「先人が構築したフレーム（枠）」に当てはめるためのツールです。フレームは、基本的には先人がすでにMECE状態で体系化したものであり、そこに事象を当てはめることで、整理して論理的に考察し、結論を導き出すことができます。フレームがあれば、それを足がかりとして思考しやすい、というメリットがあるのです。

　フレームには、「先人が作った枠組みをそのまま利用する」、「自分に使いやすいようにカスタマイズする」、「新たに自分で作り上げる」といった使い方があります。❶フレーム、❷マトリックスに大きく分類でき、それらの総称としては、❶フレームと区別するために、本書では便宜上、ヒエラルキーや後述のフローと同格の分類名として「フレームワーク」という名称を用いています（思考手法と区別するため、ヒエラルキー・ツール、フロー・ツール、フレームワーク・ツールと表記する場合もあります）。

　すなわち、「枠組み思考用のツールであるフレームワークは、フレームとマトリックスに大別される」ということになります。また、それぞれが用途に応じてさらに細かく分類されます。

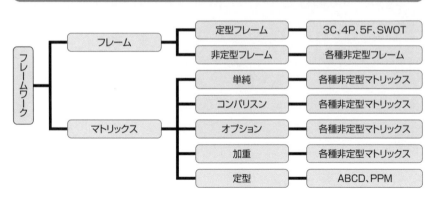

フレームワーク・ツールの体系

●フレーム

フレームは、定型と非定型のフレームに分類され、フレームの多くは前者の定型フレームです。これは先人たちが、自分の理論を説明したり、多くの人に役立ててもらったりするために作り上げたフレームです。例えばSWOT分析表などは、日常的に利用している方も多いのではないでしょうか。マーケティングの世界では「3C」や「4P」などがしばしば使われます。

一方、非定型フレームはあまり一般的ではありませんが、利用者が自分の目的に合うかたちで作成し、それを必要なときに再利用するツールです。

●マトリックス

マトリックスとは、もともと「母体・基盤」を意味する言葉で、そこから「何かを生み出すもの」という意味も持つようになりました。「テーブル」という言葉も同義語として使われます。

思考用ツールとしてのマトリックスも、"何かを生み出す" ことを実現するための道具であり、その基本形は「データを縦横の項目に沿って表形式に整理して利用する」というものです。表形式で構造化されているので、全体を俯瞰しながら思考を深めることができます。また、プレゼンテーションなどで人に説明するときにも活用でき、ビジュアル・コミュニケーションの代表的な説明手段の1つの形態ともいえます。

マトリックスは、さらに単純マトリックス、コンパリスン・マトリックス、オプション・マトリックス、加重マトリックスならびに定型マトリックスに分類できます（詳細は3-4節参照）。

◇ フレーム…SWOT 分析の利用法

　経営戦略の策定時などには、経営環境の分析が必要となります。そういったとき
に重宝するのが、定型フレームの一種であるSWOT分析（表）です。

　SWOT分析はロジカル・シンキング専用のツールというわけではないため、すで
に知っていたり使ったことがあったりする人も多いと思います。ロジカル・シンキ
ングのツールとして分類すると、（表形式という意味ではマトリックス形状の）定型
フレームに属します。

　SWOT分析とは、主にマーケティング戦略や企業戦略の立案時に利用する、枠組
み思考を助けるツールの１つです。内外の経営環境およびそれぞれのプラス面とマ
イナス面という大きな２つの要因をマトリックス状に組み合わせて分析し、企業の
課題を見付け、それを実行していくときに、しばしば使われます。

　企業を取り巻く環境を、内部（自社）環境と外部（自社を取り巻く）環境に分けま
す。そして、**内部環境**については、自社の競合相手と比較した相対的な**強み**
（Strength）と**弱み**（Weakness）に分けます。また**外部環境**については、自社を取
り巻く環境（顧客、競合他社、経済状況など競争要因）に関するビジネス上の**機会**
（Opportunity）と**脅威**（Threat）に分けます。そしてこれらの４つの項目（セル）か
ら分析を行うことで、自社の状況を明らかにしていくのです。ここでいう「機会」と
は「将来の**環境変化**が自社によい影響を及ぼす可能性のある要因」を指し、「脅威」
とは「将来の環境変化が自社に悪い影響を及ばす可能性のある要因」を指します。

　具体的には、内部（自社）環境要因として、自社の強みで取り込める事業機会に重
点を置き、経営ビジョン、組織力、研究開発力、商品力、営業力、マーケティング力、
生産力、購買力、人材（開発）力、財務力などを対象に、それぞれの強みを記述して
いきます。また、自社の弱みについて、自社の強みを活かすなどで回避できないか、
他社であればマイナス要因になる弱みであっても自社の差異化（差別化）の一環で
活かせないか、という観点で書き出します。

　また、外部（自社を取り巻く）環境要因については、経済（景気）動向、市場の伸
び、法規制、競合他社の動向、技術革新、ニーズの変化などを対象に、それぞれの機
会と脅威を書き出していきます。機会と脅威については、関連する外部情報なども
考慮し、今後予測されることも漏らさず書き出すことが重要です。

SWOT分析表

●K社の場合

	内部環境	外部環境
プラス要因	**S** Strength（**自社の強み**） ・研磨加工技術が高い ・Y素材とX素材の接着に特殊な技術を持っている ・短納期でも品質を保つ技術力 積極化行動セル	**O** Opportunity（**機会**） ・製品品質が市場で高く評価されている ・2つの素材の接着加工技術は国内で1社だけ 差異化行動セル
マイナス要因	**W** Weakness（**自社の弱み**） ・加工部門の高齢化と深刻な労働力不足 ・特殊技術を引き継ぐ後継者不足 消極化行動セル	**T** Threat（**脅威**） ・オーバースペックが求められないニーズ傾向 ・競合他社の技術力向上による価格競争 撤退化行動セル

Hint　SWOT分析表も、次節で紹介するマトリックスの多次元活用法（本文148ページ）を参考に、部門別あるいは時系列（年度別など）といった切り口で多次元化すると、質の高い分析や考察ができます。

経営資源を加味した複合ＳＷＯＴ分析表

令和○年○月○日

経営資源	内部環境	外部環境
	S：強み	O：機会
プラス要因 ヒト		
モノ		
カネ		
情報		
他		
	W：弱み	T：脅威
マイナス要因 ヒト		
モノ		
カネ		
情報		
他		

出典：グロマコン経営幹部研修資料

第3章 ロジカル・シンキングで活用する便利なツール

　SWOT分析表の基本的な使い方は理解できても、いざ、各セルに記入しようとすると、なかなか思うようにはできないものです。そんなとき、別の経営要因を加味すると取り組みやすくなります。

　例えば前ページの図のように、「経営資源」という要素を各セルに加味することで、自社の「強味（S）」として、「ヒト」（人材面）では何が強みなのか、「モノ」では、「カネ」では、…といった具体的な視点で思考することができます。

　また、よりきめ細かなSWOT分析をしようとしたら、4セルではなく、次ページの図のように9セルで思考するという方法があります。

　S、W、O、Tというセルは、従来の使い方や別要素を付加したかたちで作成します。

　S、Wという内部環境セルの下方に「C：特質」というセルを設けて、強みと弱みから自社の特質を明確にしたり、内部管理面から浮かび上がってくる事象を記述したりします。

　同様に外部環境セルであるO、Tセルの下に、「A：対処」というセルを設けます。ここでは、情報をいかにして収集し、それを活用するか、それにより差異化（差別化）戦略をどの方向に、どのように進めるか、などを考察します。

　横方向のプラス面であるS、Oセルの右には、「E：伸張」セルを設け、自社の「強味（S）」を外部環境の機会にいかに乗せるか、という積極戦略の方向での戦略・戦術を考察します。

　W、Tというマイナス面については、「I：克服」セルとして、自社の弱みや経営環境における脅威をいかにして克服するかの策を、どのようにして「育成（incubation）」していくか、あるいは撤退戦略をとるのであれば、よりマイナス面の少ない撤退戦略のあり方を検討します。

　その上で、C-Aセルと、E-Iセルとを勘案して、最終的にとるべき戦略を「M：戦略」セルに記述していきます。

　誰もが「自分はよく知っている」と考えがちなSWOT分析表ですが、ロジカル・シンキング的に思考すると、緻密で奥の深い思考ができることがわかります。

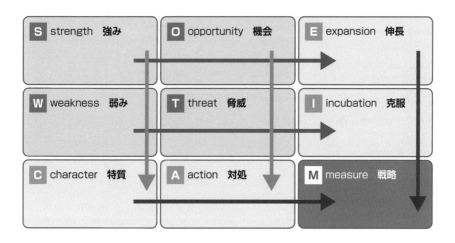

9 セル SWOT 分析

◇ フレーム…3C 分析で現状を把握する

企業の現状分析の定番とされているのが**3C分析**です。3C分析とは、企業行動の把握や経営戦略の作成などによく利用される、フレームワーク思考を助けてくれるツールの1つです。

3C分析は、ビジネスの環境を❶Customer（顧客）、❷Company（自社）、❸Competitor（競合）の枠組みで捉えたもので、3つの枠とも名前の頭文字がCであることから命名されました。

❶Customer（顧客）の枠では、顧客の業種、業態、企業規模や、その顧客における自社のシェア、売上高や利益における累積貢献度などを対象に分析します。顧客が一般消費者の場合は、対象となる消費者層を明確にした上で、設定した顧客の年齢や性別、居住地域、好みや興味のある事柄などについて分析を行います。

❷Company（自社）枠では、自社の経営ビジョン、組織構造、研究開発力、商品力、ブランド、営業力、マーケティング力、生産力、購買力、人材（開発）力、財務力などを対象に分析します。

❸Competitor（競合）の分析では、自社の分析で行った要因を競合にも当てはめて分析します。Companyの枠との比較や、業界における位置付け、業界動向などの項目について分析します。

このツールは、基本的にはマーケティング用途で利用されることが多いため、3CのCustomer（顧客）」から分析や検討を行うことが多いです。

また、上記❶〜❸の分析を見てみると、顧客および競合については外部環境分析、自社の分析は内部環境分析ということもあり、内容についてはSWOT分析と共通する部分もあります。そのため、3C分析を行う際にはSWOT分析を併用すると効果が高いといわれています。

3C 分析

3C分析は、SWOT分析と併用すると効果が高いよ！

注目！！

Customer
[顧客]

市場動向、顧客ニーズ、
事業機会、脅威 他
顧客層の購買決定要因や
意思決定のプロセスを分析する

Company
[自社]

経営理念、経営資源、
組織構造
〔自社の内部環境を分析する〕

Competitor
[競合]

競合他社動向、業界ポジション、
経営資源
〔競合企業の特徴を分析する〕

さらにきめ細かな分析をする場合は、**5C**というフレームで考える必要があります。上述の3Cに加え、卸や代理店など、流通チャネルの構造が重要な意味を持つような業界では、Channel（流通チャネル）を加えます。また、仕入先などのCooperator（協力者）を加えて、5Cとして発展的に取り組むこともできます。このフレームは、**経営のペンタゴン（五角形）**ともいわれています。

3Cを効果的に進めていくためには、Channel（流通チャネル）も見直さなければなりません。一般的な風潮としては、流通チャネルの短縮化があります。さらには、単なる流通チャネルだけではなく、その質の向上という観点から「物流」も忘れてはならないので、5Cでは物流すなわちロジスティック戦略も検討対象に含めるのが一般的です。

Cooperator（協力者）は、人脈の豊かさという狭い範囲だけでなく、それを拡大解釈したアウトソーシングを含めて考える必要があります。経営コンサルタントなど有能な外部ブレインの活用は、今日の経営においては当たり前のようになっており、今後ますますその必要性は高まるでしょう。

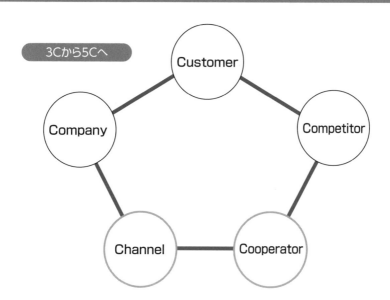

経営のペンタゴン

3Cから5Cへ

　3C分析では、一般的に3C状態のままで、活用が不十分な企業が多いのが現状でしょう。ロジカル・シンキングでは、1つのツールを他のツールと組み合わせて利用することで効果を高めています。既述のとおり、3C分析とSWOT分析を併用して、いっそうきめ細かな分析につなげます。

　そしてさらに、3C+SWOT分析にマトリックスの手法を取り入れることで、論理思考が十分でない企業でも、より論理的に現状分析をすることが可能となります。

　この場合、3Cの項目を表頭に持ってきます。表頭項目を検討する視点を各セルに1つずつ記入します。例えばCustomer（顧客）の項では、市場動向、顧客ニーズ、SWOT分析を持ってきます。顧客とそれらの項目とを関連付けると、記入しやすくなります。

　このように、1つのツールを別のツールと組み合わせて思考することを習慣化すれば、ロジカル・シンキングの体得が進みます。どのツールと組み合わせたらよいのか迷ったときは、マトリックスに挑戦してみてください。

> **Hint**
>
> 　3Cをコミュニケーションに活用する具体的なケースとしては、例えば上司に報告するような場面が多いと思います。まず市場動向を説明し、その中でライバルがどのような活動をしているのか、それに対して顧客がどのような状況に置かれているのか、いずれも自分の会社との関係を考慮し、三者を関連付けて説明するとわかりやすいです。
>
> 　その方法の1つとして、表側に3Cの項目を、表頭に「自社」「ライバルA社」「ライバルB社」という項目を設定したマトリックス（コンパリスン・マトリックス）にするとよいでしょう。

3C分析の多次元マトリックス分析例

CUSTOMER　顧客	COMPETITOR　競合	COMPANY　自社
市場動向 ・印刷・製本業界は斜陽産業 ・小規模企業の分業化の業界で、価格競争で淘汰企業が多い	**ライバル動向** ・業界トップの一強傾向強い ・弱小企業が専門化で生き残り	**経営理念** ・機械精度面で差異化（差別化） ・電子とメカの融合技術による製品改良と新製品開発
顧客ニーズ ・低価格・高性能傾向 ・単機能と多機能の二極分化に加え、他機能との連動化	**業界ポジション** ・トップ企業のガリバー化 ・トップ企業の殿様商売に付け込みマーケティング力で差異化（差別化）	**経営資源** ・経営トップの若さを活かす ・協力企業との連携で技術補完 ・資金力の弱さを経営力でカバー
SWOT ・電子化による強み、価格競争による弱み ・電子化による"真"ニーズの機会、大手寡占化の脅威	**経営資源** ・営業力で劣るが、技術力では太刀打ち可能 ・財務力では劣勢、情報力でカバー	**組織構造** ・研究開発部門の強化 ・管理会計システムによる進捗管理 ・営業支援システムの活用

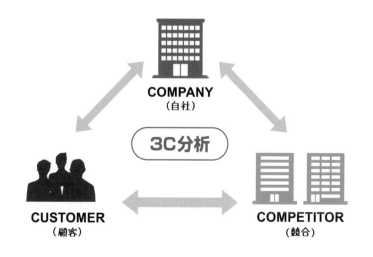

◇ フレーム…マーケティングの 4P

　マーケティングの4P（単に「4P」とも）は、フレームワーク思考を助けるツールの１つです。**ジェローム・マッカーシー**＊が提唱したもので、**マーケティングミックス**とも呼ばれ、マーケティングの戦略を策定する際によく利用されます。

　自社が顧客に対して商品やサービスを最適化して提供する行動を、**マーケティング**といいます。マーケティング戦略では、前項の3C分析を踏まえた上で、❶商品・サービスを「どのように」開発し、❷それを「いくらで」、❸「どこに」販売するか、そして❹「どのように」宣伝や販売促進をするか、という４つの観点が求められ、それらの最も適切な組み合わせを考えていくことが大切です。

　ある見込み顧客をターゲットとして自社の狙うべきポジションが明らかになったら、そのターゲットに対して商品・サービスをどのように提供していくのか、を考えます。マーケティングミックスともいわれ、標的とした顧客に対して、何ができるか、とるべき手段は何か、などを組み合わせます。

　その検討は、次の４つの観点（4P）から行います。

❶ Product（商品）

　消費者に提供される商品・サービスのことです。性能や機能といった製品自体の魅力と共に、市場、消費者のニーズなどが競合と差異化（差別化）されているかを考えます。まず最初に考えるべき観点です。

❷ Price（価格）

　消費者が製品に対して支払う対価のことです。高価格、低価格のいずれにするのかなど、自社戦略に基づいた価格を考えます。

❸ Place（流通・販売チャネル）

　製品が消費者に届くまでの経路のことです。どのような小売り方法をとるか、卸売業者を使うのか代理店を使うのか、などを考えます。

＊**ジェローム・マッカーシー**　アメリカのマーケティング学者（1928〜2015年）。マーケティングの基本的なフレームワークである「マーケティングの4P」を提唱した。

❹ Promotion（広告宣伝・販売促進）

消費者への販売を促進するための方法を考えます。

マーケティングミックスでは、まず自社分析を行い、自社にとってあるべきマーケティング戦略などを明らかにした上で、以上4つの観点から考えていくことが必要です。

また、これらをマトリックスにしてライバルと比較すると、戦略立案にも使えます。

通常は上述の4Pを中心に思考しますが、基本思想としての方針を明確にし、検討段階や結論にブレが生じないようにします。近年は、従来の4Pに「基本思想（Policy）」を加えた5Pとして利用する傾向が強くなってきています。

また、さらなる活用のため、5Pに加えて次節で学ぶコンパリスン・マトリックスを作成することで、5Pをいっそう効果的なツールとして利用できるようにします。

コンパリスン・マトリックスの項の事例（本文141ページ）は、自社が、ライバル2社の商品・サービスとの差異化（差別化）を図ろうとして、他社との比較（comparison）を行い、新たな戦略を模索した場合です。

> **Hint** 全社的な商品戦略を4Pで分析した結果を報告する場合、商品全般について、価格戦略がどのようになっていて、流通経路がそれに対応できているかどうか、販売促進をどのようにしたらよいのか、といったことをまとめて整理して話すとよいでしょう。その際に、「基本的な考え方がどこにあるのか」をまずはじめに説明しておくと、相手の理解が深まります。
>
> 4Pによる分析の対象は、全社的戦略の場合も特定の商品の場合もあります。全社的な見地で商品戦略的に思考するのか、新商品など特定の商品の「売り方」についての検討か、によってアプローチ方法が異なります。
>
> 前者の場合、マクロ的視点が重要なことはいうまでもありません。後者の場合は、競合企業など具体的な固有名詞や数値データを多用して追究します。

マーケティングの 4P を 5P 化して活用

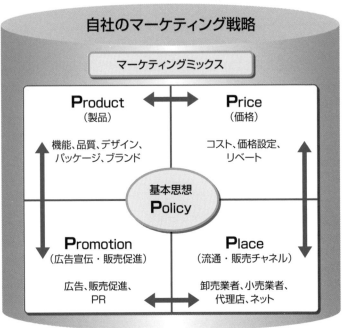

マーケティングミックスを
考えるには、自社のマーケティング
戦略が必要だよ！

◇ フレーム…5つの力（ファイブフォース）

「男には、外に出ると7人の敵がいる」と昔からいわれていますが、企業には5つの脅威が付きまといます。それを「5つの力」といいます。

5つの力（ファイブフォース、「5F」とも）とは、**マイケル・E・ポーター***が提唱した、フレームワーク思考を助けるツールの1つです。企業の競争戦略を考える際の外的な環境（業界の構造）を分析するために使われます。

▲ ポーター

企業を取り巻く競争環境は次の5つの要素で決まり、それぞれの分析は戦略を考える上で有効だといわれています。

❶新規参入の脅威

法的規制の少ない業界や、資本・技術などをあまり必要としない業界では、新規参入が容易であるため多くの企業が参入してきます。

新規参入の脅威の大きさは、業界への新規参入の困難さ、いわゆる参入障壁の高低で決まります。参入障壁が低ければ、必然的に競争が激しくなるといえます。参入障壁としては「参入時の投資」「ライバルの企業力」などが挙げられます。

❷業界内の競争関係

業界内の競合者が増えて競争が激しくなると、企業が利益を得ることが難しくなります。また、その業界の魅力が失われていくことにもつながります。競合企業との関係を決定する要因としては、「同業者の規模と数」「業界全体の成長性」などが挙げられます。

競争が激化してきたときは、商品・サービスの差異化（差別化）や販促策の工夫などの対応が求められます。

***マイケル・E・ポーター**　アメリカの経済学者。1947年生まれ。企業戦略や国際競争の研究を行い、ファイブフォースやバリューチェーンなどの競争戦略手法を提唱した。

❸代替品による脅威

　代替品の脅威は、顧客にとって代替品のコストパフォーマンスがよい場合に顕著です。競合の新規参入や競合による新たな代替品の供給体制の構築は、脅威となります。既存の商品に比べて買い手のニーズによりマッチした別の商品が登場することは、自社にとって大きな脅威といえます。代替品の例としては、「安くて性能のよいもの」などが挙げられます。

❹買い手（ユーザー）の交渉力

　製品やサービスを買ってくれる買い手の力（交渉力）が、自社や業界に大きな脅威を与えることがあります。買い手の力の例としては、「買い手の数」「製品の品質に対する買い手のこだわり」などが挙げられます。

　また、いろいろな代替品が市場にあったり、回転が少ない商品であったり、買い手の購入量が多い場合には、買い手からの脅威は大きくなります。買い手との企業規模の差が大きかったり、買い手の情報量が多かったりする場合にも、同様の傾向が見られます。

❺売り手（供給業者）の交渉力

　供給業者としての売り手の力（交渉力）が、自社や業界に大きな脅威を与えることがあります。

　売り手の交渉力が脅威となるのは、売り手の資金力が強かったり、買い手との企業規模の違いが大きいとか、代替品が少なかったりする場合に多いです。

　売り手すなわち供給業者が寡占状態で、自社の仕入先が限定されていたり、自社にとって売上比率の高い商品であったりする場合は、売り手市場となるため、仕入価格が自社の要望どおりにならないことが多いです。その分、購買・仕入戦略を慎重に練らなければなりません。

　5Fのフレームも、フレームを埋めるだけでは戦略立案やライバル対策など実務面での利用がしにくい、という欠点があります。そこで、5Fの場合もマトリックス化した上で戦略立案などに利用するとよいでしょう。

　本文138ページの図の事例は、ある乳製品の中小メーカーにおいて、新商品と改良商品の戦略立案の基礎となる情報を整理したものです。

5つの力（5F）

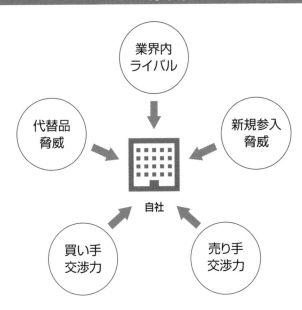

　5Fは、自分の会社を中心に考えて5つの脅威について検討するのが一般的な使い方です。自分の会社にとって競合となる企業はどうなのか、業界内での位置付けはどうなのか、などに基づいて考えていきます。自分の会社の事業ドメインに対して、新規参入はあり得るのか、あり得るとしたらどのような会社が参入してくる可能性が高いのか、などを整理します。

　また、「利は元にあり」といわれるように、売上原価の視点が重要です。自分の会社がライバル企業に勝っていくためには、売り手すなわち仕入先の折衝力、交渉に対してどのように対応するのか、とりわけ仕入価格や販売条件が重要な視点となります。

　買い手の交渉力に対しては、いかに営業展開していくのか、買い手（ユーザー）のニーズはどこにあるのか、そのニーズに対してどのような説明をすれば買い手は納得してくれるのか、などを中心にまとめてみます。

　自社の商品に対しては、取り巻く経営環境だけでなく、代替品の脅威というものもあります。例えば、パンに付けるバターですが、このバターの代替品としてよく挙げられるのがマーガリンです。また、自社のバター商品にとっては、輸入バターも大きな脅威になります。

　これらのことを勘案して整理してみると、相手の納得を得やすくなるでしょう。

> **Hint**　3C、4P、5Fは、いずれもマーケティングでは一般的なツールです。しかし、視点を変えれば、主婦や学生でも利用できます。
>
> 　例えば、3Cを使って自分のキャリアプランを立ててみてください。
>
> 　Companyは自分自身の資質・能力およびそのあり方、Customerは自分が歩む道に関わりのある人たち、Competitorは自分のライバルや自分の前に立ちはだかる障害物などに相当します。
>
> 　これらを突き詰めて考えれば、自分自身の歩むべき道、何をすべきかということが明白になり、自分に自信が持てるようになるでしょう。

新商品と改良商品のメーカー戦略（乳製品の中小メーカーの例）

	新商品（甘いマーガリン）	改良商品（トリュフチーズ）
業界内競合	A社の味付けマーガリンは甘みが強すぎ、B社は日本人好みの風味ではない。	輸入品ライバルとの競合は、価格面も品質面も厳しい。
新規参入	大手食品会社2社が類似商品を出してくる懸念があり、相手が大手だけに先行メリットを活かす必要あり。	甘いマーガリンと同じ大手食品会社の参入が懸念され、同じ戦略が求められる。
売り手交渉	仕入先からの値上げ要求が強く、安定仕入のためにも新規仕入先確保が喫緊の課題。	輸入材料への依存度が高く、為替変動により利益率の変動が大きく、安定化策が求められる。
買い手交渉	顧客ニーズの多様化で、甘みを中心に、異なった風味による改良も必要となる見通し。	国産品との競合はほとんどないが、海外品はブランド力で自社を大きく凌駕。商品認知度のアップ必要。
代替品	オーソドックスなマーガリンやバターに対するニーズが根強く、その種の顧客の囲い込み戦略が必要。	チーズは、種類も多く、「トリュフ」を前面に出した高級感を強調して対処し、将来は利益率の高い商品に。

4 フレームワーク・ツール… マトリックスを使いこなす

フレームワーク・ツールは、既述のとおりフレームとマトリックスの2つに大別されます。このうちのマトリックスは、表側と表頭にどのような項目を持ってくるかによって、様々な組み合わせで活用できます。ここでは単純、コンパリスン、オプション、加重の各マトリックスに分類して紹介します。

◇ 単純（標準）マトリックスで基本を知る

マトリックスは、ビジネスパーソンだけではなく、またロジカル・シンキングに限らず、しばしば目にします。そのため、マトリックスについていまさら学ぶことはないと思う人も多いでしょう。

そのせいか、マトリックスが自己流で適正に作成されていないため、誤った結論に至ることが多々あります。

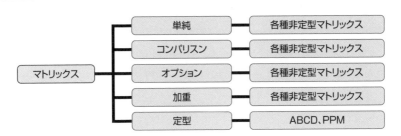

マトリックス・ツールの体系

マトリックスの左端列の項目を「表側項目（行ラベル）」、上端行の項目を「表頭項目（列ラベル）」といいます。表側項目はレコードやベクトル、表頭項目はフィールドやパラメータともいいます。また、行と列の交わるマス目を「セル（cell）」といいます。表側項目を「比較項目（主項目）」ともいい、何を分類したマトリックスであるかを表します。すなわち、マトリックスの目的を表す項目ですので、「主項目」ともいえます。また、表頭項目を「比較事項（着眼項目）」ともいいます。「主項目である表側項目を、何に着眼して比較するか」すなわち「比較事項」を、着眼のための項目として表頭に持っていきます。

表側も表頭も、各項目のレベルを揃えると共に、項目設定はMECEに列挙することが原則です。

標準的な単純マトリックスの形式			
		表頭（列ラベル）	
		表頭名１	表頭名２	表頭名３
表側（行ラベル）	表側名１			
	表側名２			
	表側名３			

　標準的な単純マトリックスは、データや情報などを分類し、表形式に整理して、発想や理解を支援するために用いられます。表側項目を細分化して、表頭項目ごとに整理することで、理解しやすくなるのです。このような形で表にすると、視点が明確になり、意思決定などの判断にも利用しやすくなります。

　一方で、表頭や表側の項目が複雑に入り組んでくると、二次元表示では整理しづらく、マトリックスの一覧性というメリットが損なわれるという問題もあります。そのような場合には、後述のように多要素・多次元マトリックスとして作成・利用することをおすすめします。

Hint　マトリックスはあまりにも一般化されているため、大半の人が意識せずに使っています。

　プレゼンテーションのときに、「では、本件に関してコンパリスン・マトリックスを使ってご説明します」と口火を切っただけで、聴き手側は、単なるマトリックスではなく、何か高度なツールを使って説明してもらえるのでは、と心構えが変わってきます。

　ご自分が講師や説明者の立場になったとき、そのような聴き手側の態度の変化をまのあたりにすると、ロジカル・シンキングを学んでおいてよかったと実感できるでしょう。

◇コンパリスン・マトリックス

　コンパリスン・マトリックスの「comparison」とは、「比較」あるいは「対照」という意味です。複数の事項を比較するとき、視点を複数持つことで、できるだけ正確に比較することを目的としたマトリックス型のツールです。単純マトリックスと形式的には酷似していますが、表頭の取り方が異なります。

　単純マトリックスでは、知識や情報を整理するために必要な項目を任意に列挙します。それに対してコンパリスン・マトリックスでは、特定の目的に沿って、比較したい事項を表頭に持っていきます。目的によっては、表頭項目をMECEになるように選定する必要があります。すなわちコンパリスン・マトリックスは、表側の比較項目を基準にして、比較したい事項を表頭に記入し、それぞれをマトリックス状に思考していくツールです。特定の表側項目について、表頭項目のそれぞれにどんな特筆事象があるかを比較するのが主な目的です。

コンパリスン・マトリックス

	自社	A社	B社
機能面	アドバイス機能と高度なセキュリティ付き	高度なセキュリティ機能がある	親切なアドバイス機能がある
価格面	高価格帯 １０万円台中心	中価格帯 ５万円台中心	低価格帯 ２万円台中心
デザイン面	形状とデザインに優れ、使いやすく疲れにくい	ビジネス向けのシンプルなデザイン	個人向けの使いやすい形状のデザイン
付帯サービス面	無料の会員登録 サービスに制限なし	有料の会員登録 サービスに制限なし	無料の会員登録 サービスに制限あり

　「自社の商品・サービスとライバル企業のそれとを比較して、どんな違いがあるかを見たい」といったときに使うと便利です。

　例えば、自社と一番のライバル企業とを比較したいという場合は、表頭に自社とライバル社を列挙します。上の図の例では、ライバル企業は２社ですが、１社でも３社以上でも同様です。

　比較にあたっては、違いを漠然と列挙するのではなく、比較のための視点を表側項目として列挙します。その際、比較項目は、関連性ある項目をできるだけ近接させます。また、重要度の高い項目をできるだけ上部に配します。それにより、経営陣など業務を直接担当していない人にも、差異を容易に理解してもらえるようになります。

　上司などに報告する場合には、表頭項目の順序についても、表側項目と同様に決めます。

　地域性の視点から説明したいときには、地域を北から順に列挙するという方法もよいでしょう。

　企業規模で見る場合には、資本金や従業員数などの基準で、大きい順や小さい順にするのが一般的です。ただし、とりわけ自社との差異を比較したいという場合は、特に比較したい企業をできるだけ自社に近い位置に持っていきます。

> **Hint**　マトリックスの作成にあたっては、それぞれの表側項目について、表頭項目間の差異を記載します。口頭での説明の際にも、それぞれの表側項目における表頭項目間の違いについて、セルを示しながら話すとよいでしょう。
> 　それぞれの行（表側項目）の右端に、「差異事項」というような項目を付加します。そこには、自社と他社の商品・サービスを比較して、自社の長所・短所などの特質・差異を列挙します。それにより、話し手側も聴き手側も理解しやすくなるでしょう。

◇ オプション・マトリックス

　マトリックスは汎用性が高く、思考手法のほとんどで利用できます。ここで紹介するオプション・マトリックスは、主にオプション（選択肢）思考をする際に用いられるツールです。

　オプション・マトリックスは、表側にある比較項目に沿って、表頭の選択肢案のそれぞれについて記述し、どの案がよいかの意思決定に用います。全体を俯瞰的に見られるマトリックスの長所が顕著に出て、各比較項目の差異が明確になり、検討しやすくなります。

　外見は前項のコンパリスン・マトリックスと大変よく似ていますが、オプション・マトリックスは、状況を整理し、俯瞰的に見て理解したり検討したりすることが主目的です。一方、コンパリスン・マトリックスは、その名のとおり比較のためのマトリックスです。

●事例

　G社は、自社ブランドを持つ中堅のスマホメーカーです。外国企業のスマホに日本市場を席巻されそうな状況に危機感を持ち、市場からの撤退を含め、基本戦略を練り直そうと取り組んでいます。

　G社では、若手社員を中心に検討委員会を新設することになりました。

　自社の現状を踏まえ、どのような戦略を選択するかを検討。中級機という、市場競争の激しい機種を主力商品としてきた従来の方針からの転換を図り、これまで力を入れていなかった市場を狙うべく、機能面での強化と差異化（差別化）を進めるという基本方針を定めました。

　そして、ユーザー層を分化して、どのユーザー層にどんな機能を持つ商品を売り込むかを検討するために、3つの案を挙げ、オプション・マトリックスを作成して検討することにしました。

　表側に比較すべき項目を列挙しました。表頭は、ターゲットを3市場に分けて、それぞれをA案、B案、C案としました。そして、各案について、それぞれの表側項目に対応する内容を記述しました。

Hint　オプション・マトリックスは、意思決定の初期段階で用いられることが多く、課題を俯瞰的に見るときに便利です。

　多くの場合、記載内容が複雑になるため、プレゼンテーション用には簡略表現で作成し、一覧性を重視し、文字フォントを見やすいサイズに設定します。

　表側項目が多い場合には、重要度の高い項目だけとし、末尾に「その他」という項目を付加して、割愛した項目の中で重要度の比較的高い情報を簡潔に記述します。

　また、配布資料は詳細情報を提供することを主目的とし、わかりやすく簡潔な文章で作成するとよいでしょう。

オプション・マトリックス

	A案	B案	C案
ターゲット市場	高級志向ユーザー	中級志向ユーザー 一般ビジネスパーソン	簡単機能志向ユーザー 主婦・高齢者
価格帯	10万円以上	5～8万円	5万円以下
市場ポジション	自社が最も弱い市場	自社の中心商品	自社のブランク市場
ボトルネック	開発人材不足	開発者の思考固定化	ユーザー研究不足
参入機会創造	中途採用、海外人材リクルート、院生採用	新規学卒・院生採用で既存社員を刺激	ターゲットユーザー講習会開催など
開発コンセプト	競合キャッチアップ	差異化（差別化）	ニーズに即した 機能付加
開発・改良計画	3年以内に実現	段階的改良	18カ月以内に 発売開始
売上目標	5年以内に〇億円	毎年、前年シェアより 5%アップ	3年後に〇億円

オプション・マトリックスは、課題を俯瞰的に見る際に便利です。

◇ 加重オプション・マトリックス

　ロジカル・シンキング・ツールをもとに考察を進め、絞り込み、仮説を立てるにあたり、自分の仮説が適切な方向に向かっているのか、自信を持てる人は少ないのではないでしょうか。そのために、「仮説を検証する」という手順が不可欠です。オプション・マトリックスを利用して仮説を立てるにしても、同様な不安を伴います。

　多少とも客観性を持たせて、自分自身が第三者的な冷徹な目で判断できる方法はないのでしょうか。

　このようなとき、「オプション・マトリックスの定性情報を定量化する」という方法が有効です。表側項目に基づき、表頭項目を比較した事項に点数を付けることで、定性的な記述を定量化できます。それが**加重オプション・マトリックス**です。

　ここでは事例として、「あるスマホメーカーが、次の新機種としてどのような商品を開発すべきか、優先順位を付ける」ケースで考察します。

1）簡易評価法

　各セルに、決められた評価基準をもとに点数を付け、表頭項目ごとの合計値を算出して比較し、判断の参考にする方法です。オプション・マトリックスとして作成した表の表頭項目ごとに評価点を記入して、その合計を算出できるようにします。

　ここでは、マイクロソフト社のエクセル（Excel）を使った作表手順を紹介します（次ページの図）。

❶オプション・マトリックスを作成します。

❷オプション・マトリックスの各表頭項目の右側に1列ずつ挿入します。

❸最終行の下に「評価計」という行を1行追加します。

❹追加した列の最終行（セルC9）に、合計値を自動計算する計算式を入力します。

　　=SUM（C5:C8）

❺入力した計算式をセルE9とG9にコピー＆ペーストします。

　　=SUM（E5:E8）　　　=SUM（G5:G8）

❻各セルに評価点を記入します。

　　ここでは、各セルに10点満点で数値を入力します。

❼自動算出される合計点を参考にして判断します。

加重オプション・マトリックスを Excel で作成

	A	B	C	D	E	F	G
4		A案			B案		C案	
5	機能面	アドバイス機能と高度なセキュリティ付き	8	高度なセキュリティ機能がある	6	親切なアドバイス機能がある	4
6	価格面	高価格帯10万円台中心	6	中価格帯5万円台中心	9	低価格帯2万円台中心	7
7	デザイン面	形状とデザインに優れ、使いやすく疲れにくい	9	ビジネス向けのシンプルなデザイン	7	個人向けの使いやすい形状のデザイン	7
8	付帯サービス面	無料の会員登録サービスに制限なし	8	有料の会員登録サービスに制限なし	5	無料の会員登録サービスに制限あり	3
9	評価計		31		27		21

2) 加重オプション・マトリックス評価法

　表側の評価項目は、評価の視点から見て重要度がそれぞれ異なります。その重要度が評価結果に反映されるような評価ができるのが、**加重オプション・マトリックス**です。それぞれの比較項目に加重点（ウエイト）が付けられ、項目ごとに重みを付けて評価点が算出されます。その結果、通常のオプション・マトリックスや上述の簡易評価法よりも、戦略的な判断をしやすくなります。

　ここでも、エクセルを用いて作表してみます（本文148ページの図）。

❶オプション・マトリックスを作成します。

　ここでは、各セルの定性的な評価は省略します。

❷表側項目を入れ、最終行の下に「評価点計」という行を付加します。

❸表側項目の右に1列、表側項目ごとのウエイトを入れる列を設け、表頭項目は、各項目を「評点」と「評価点」の2列ずつとします。

❹ウエイト（加重点）を入力します。

　B5〜B8の各セルに、各表側項目の重要度に応じた加重点を入力します。ここでは加重点も10点満点で評価します。

❺評価点の計算式を入力します。

「評価点＝ウエイト×評点」という算式で評価点を算出します。

D5セルに「=B5*C5」という計算式を入力し、評価点を求めるD、F、H列の他のセルにも同様の計算式を入れておきます。

●注意

❺の計算式を他の表側項目や表頭項目の当該セルにコピー＆ペーストすると、マトリックスを容易に作成できます。計算式中のB5に絶対座標を使って、「=$B5*C5」と入力しておくとよいでしょう。このようにしておくと、コピー＆ペーストしても計算式は自動修正されます。

詳しくは、エクセルのヘルプ機能や参考書を参照してください。

❻最下行の「評価点計」の行に、合計を求める計算式を入力します。

B9セルに「=SUM(B5:B8)」という関数式を入力し、C9〜H9セルにコピー＆ペーストします。

❼各セルに評点を記入します。

ここでは、各セルに10点満点で数値を入力します。

❽自動算出される合計点を参考にして判断します。

加重評価マトリックスを Excel で作成

	A	B	C	D	E	F	G	H
3		ウエイト（加重点）	A案		B案		C案	
4			評点	評価点	評点	評価点	評点	評価点
5	機能面	7	8	56	6	42	4	28
6	価格面	3	6	18	9	27	7	21
7	デザイン面	5	9	45	7	35	7	35
8	付帯サービス面	10	8	80	5	50	3	30
9	評価点計	25	31	199	27	154	21	114

> **Hint**　表側の項目の末尾に、「提案者の推薦度」というような項目を追加して、マトリックスの作成者の意図を明示するのも一案です。
>
> 　口頭報告をするときに、自分の考えをデジタル化して説明できます。聴き手も、それを前提に聴いてくれるので、納得してもらいやすくなります。文書報告の場合には、無言のうちに提案者の意思を伝えられます。

◇ マトリックスの多次元活用

　企業の業績は、数値データをもとに評価するのが基本です。そのために例えば管理会計の手法が用いられて、計画対実績というようなかたちで業績が判断されることも多くあります。

　数値データの集約には、販売管理システムなどの基幹業務システムの集計データを活用するのが一般的でしょう。その際、システムから表示される管理データというのは、洋服でいえば既製服に相当します。売上などのデータを分析する際は、自分がほしい形に加工する、すなわちオーダーメイドにしたくなります。そのためには、システムから出力されるデータを利用し、エクセルなどで目的に合わせて加工します。加工済みのデータを用いることで、狙いどおりのきめ細かなデータ分析ができます。

一次元マトリックス

（単位：百万円）

顧客	売上高	売上の現状
A社	3,850	過去10年にわたり当社への売上貢献度大
B社	1,385	近年、売上高が急速に伸びている
C社	1,100	かつては当社の最大得意先であったが年々減少
D社	850	まだ3年目の顧客であるが、当社商品に積極的
E社	625	売上高が順調に伸びていて今後の成長に期待
F社	350	ここ数年、売上高が低迷中
計	8,160	100億円台の売上目標にはほど遠い

　例えば上の表は、表側に顧客企業名、表頭に売上高（数値データ）およびそれをもとに当該顧客の売上の現状をまとめた単純マトリックスであり、顧客ごとの現状を見ることができます。

　ここでは、顧客別の売上高という単一の項目が基本となっていますが、ロジカル・シンキングでは、このようなマトリックスを「**一次元マトリックス**」と呼んでいます。

　次ページの単純マトリックスは、売上データを、顧客別・商品別のマトリックスに集計した表です。これにより各社の各商品の売上を知ることができます。

　このようなマトリックスを参考に、売上の少ない商品について、その商品の売上増加の対応策を打つことが、営業パーソンの重要な業務の1つです。

　表側の「顧客」を「一次元」、表頭の「商品」というくくりを「二次元」と呼びます。

二次元マトリックス

顧客	A商品	B商品	C商品	D商品	E商品	計
A社	564	246	345	876	1,594	3,625
B社	235	843	645	459	2,087	4,269
C社	1,068	562	1,257	658	986	4,531
D社	834	347	956	774	1,498	4,409
E社	397	336	458	258	759	2,208
F社	645	753	321	346	1,247	3,312
計	3,743	3,087	3,982	3,371	8,171	22,354

　次ページ上図は、上の表をもとに地域別に分類し、マトリックスの最左端に「地域」という列を挿入して地域名を入力したマトリックスです。

　もととなるマトリックスは二次元マトリックスですが、「地域」という項目が三次元目の項目として加わったことで、「三次元マトリックス」になりました。

　さらに、表頭の商品別分類の上に「商品群別」というくくりの行を挿入すると、「四次元マトリックス」となります。

　マトリックス以外のロジカル・シンキング・ツールでも、本文152ページ下図のように、工夫次第で多くが多次元化できるでしょう。

Hint　「マトリックスは縦軸（表側）と横軸（表頭）の二次元の組み合わせだけ」だと思い込んでいる人が多いようです。一方で、次ページ上図のようなマトリックスを見たときに、それが多次元（この場合は三次元）だということを意識しなくても、表の内容は十分に理解できると思います。
　多次元化により、複数のマトリックスを使わなくても、1つのマトリックスで複数の項目が組み合わされ、見える範囲が広がります。多次元マトリックスを使うことにより、聴き手の理解度も納得度も高まるでしょう。

三次元マトリックス

地域	顧客	A商品	B商品	C商品	D商品	E商品	計
甲地域	A社	564	246	345	876	1,594	3,625
	B社	235	843	645	459	2,087	4,269
	C社	1,068	562	1,257	658	986	4,531
	小計	1,867	1,651	2,247	1,993	4,667	12,425
乙地域	D社	834	347	956	774	1,498	4,409
	E社	397	336	458	258	759	2,208
	F社	645	753	321	346	1,247	3,312
	小計	1,876	1,436	1,735	1,378	3,504	9,929
計	計	3,743	3,087	3,982	3,371	8,171	22,354

二次元項目

三次元項目

一次元項目

第3章　ロジカル・シンキングで活用する便利なツール

シート活用によるマトリックスの多次元化

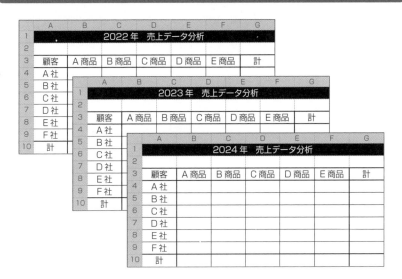

串刺し計算のイメージ

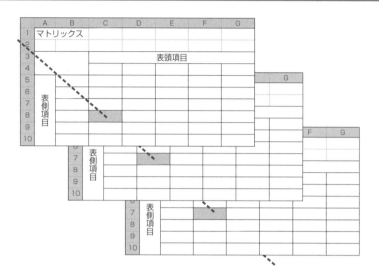

3C 分析の三次元化の例

	CUSTOMER 顧客	COMPETITOR 競合	COMPANY 自社
一次元			
二次元	市場動向	ライバル動向	経営理念
三次元	規模 成長性	地域 競合性	差異化・魅力度 徹底度
	顧客ニーズ	業界ポジション	経営資源
	動向 年代	商品力 マーケティング力	経営体質 企画力
	SWOT	経営資源	組織構造
	強み・弱み 機会・脅威	人材力・技術力 財務力・情報力	マネジメント力 管理システム

◇ 多要素・多次元マトリックスで複合思考

多次元マトリックスは、マトリックス単位でも利用できます。主に時系列という視点で、同じ形式のマトリックスを作成して、その差異や変化を検討することもあります。

本文151ページ下図は、同じ形式のマトリックスを時系列に沿って複数作成した多次元マトリックスです。もととなるマトリックスは、「一次元：顧客」「二次元：商品」の二次元マトリックスです。

同じ形式で、それを年度別に集計して比較すると、顧客別・商品別の売上の変化を時系列で見られます。すなわち、この図のマトリックスは、集計データを三次元で見ることが可能なのです。

エクセルでは、1つのファイルで複数のシートを扱えます。この機能を利用すれば、前ページ上図のイメージのように、三次元のマトリックスを作成して「串刺し計算」を行うことができます。3年間分のデータを3枚のシートにして合計や平均値を算出する、といったことが容易にできます。詳しくは、エクセルのヘルプや参考書をご参照ください。

ここまでマトリックスの多次元化を学んできましたが、「多要素・多次元マトリックス」というものもあります。

既述のとおり、マトリックスは表側項目と表頭項目の組み合わせで思考を深めていくのが基本です。では、表側や表頭にどんな項目を持ってきたらよいのでしょうか。販売管理システムをもとに見てみましょう。

システムで標準的に出力される分析表は、「月別に担当者ごとの実績を見る」といった形式が多いです。しかしながら、販売管理システムには顧客マスターのファイルが必ず付帯しています。

営業活動の結果だけでなく、それと顧客マスターとをリンクさせると、販売管理システムのメニューにないような出力形式であっても、利用者がほしい情報を見たい形式で出力させることができます。その基本が、「CMRIPCT分析（**クムリプクト分析：多要素分析**）」です。

CMRIPCTとは、営業管理の基本となる次の頭文字をとった分析法です。

Customer	顧客別分析
Market	市場・用途分析
Region	地域別分析
Item	商品別分析
Person	部門・担当別分析
Channel	流通経路分析
Time-domain	時系列的分析

これらの項目は、販売管理システムや顧客マスターのファイルにデータが含まれているのが一般的です。もし含まれていない項目があれば、システムにその項目を追加する、基幹システムから出力した顧客データにその項目を付加する、といった方法で対応します。

ピボットテーブルにおける、多要素・多次元項目の組み合わせ例

> **Hint**　多要素・多次元マトリックスは、エクセルのピボットテーブル機能を利用すると、前ページの図のように、項目の変更などが容易にできます。
>
> 　ピボットテーブルを使いこなして、リアルタイムで、いろいろな組み合わせのデータ分析表をプレゼンすることにより、訴求力が高まり、聴き手の理解や納得も得やすくなります。

◇ 定型マトリックス…ABCDセグメント戦略立案表

　ABCDセグメント戦略立案表（正式には「新商品市場開拓ABCDマトリックス戦略立案表」、通常は略して**ABCDセグメント表**）といわれるマトリックスがあります。これは、市場・顧客というくくりと、自社が有する商品・技術というくくりでマトリックスを組んで、商品戦略を検討する**マトリックス表**です。

　次ページの図のように、表頭（横軸）に「市場・顧客」をとり、それをさらに「既存」「新規」の2つに分けます。きめ細かい分析に基づく戦略立案を行う場合には、その2項の間に「関連」という要素を入れます。

　一方、表側（縦軸）には「商品・技術」をとります。こちらも「既存」と「新規」に分けます。「市場・顧客」と同様、この2項の間に「改良」という要素を挟むこともあります。

　縦横の既存と新規の組み合わせで、それぞれを市場浸透、新商品開発、新市場開拓、新需要創造という4つのセグメントに分類します。これを英語に置き換えると、それぞれAttack（攻撃する）、Bear（生み出す）、Challenge（挑戦する）、Develop（創造する）という単語になるため、その頭文字をとって「ABCD」と名付けられました。

　それぞれの**セグメント**の中で、どのような戦略・戦術をとるべきか、ブレインストーミングやロジカル・シンキングのツールを使うなどして列挙します。

　例えば**Aセグメント**（市場浸透）では、既存の市場・顧客において、既存の商品・技術を用いてビジネス展開をするのですから、顧客単価を上げたり数量を増加するなどという、営業の基本戦術である顧客に特化した戦術（顧客深耕策）を使うのも1つの方法です。

ABCD セグメント戦略立案表

		市場・顧客	
		既存	新規
商品・技術	既存	市場浸透 Attack	新市場開拓 Challenge
	新規	新商品開発 Bear	新需要創造 Develop

　低価格化により顧客の囲い込みをするという方法も考えられます。キャンペーンを打って、広告宣伝により営業促進を図るといったこともよく使われる方法です。

　Bセグメントは、新商品を開発して既存の顧客に販売する戦略です。既存顧客のニーズの把握がポイントです。**Cセグメント**は、既存の商品やサービスの用途開発により、これまで対象としていなかった市場でビジネスをする戦略です。**Dセグメント**は、多角化など従来とは異なる戦略が求められます。

　このように各セグメントでも、当該セグメントの戦略・戦術を立案し、最終的には「どのセグメントを当該期の最重点課題とするか」を決定していきます。

　ABCDセグメント表においては、例えば市場は、「既存」と「新規」とに明確に分かれるのではなく、その中間的な市場である「関連」という区分もあります。同様に製品や技術も「既存」と「新規」の間に「改良」という区分を挿入できます。

　これを**9セルABCDセグメント戦略立案表**といいます。これを利用すると、きめ細かな検討や分析ができ、コミュニケーションの深みを増すこともできます。

9セル ABCD セグメント戦略立案表

		市場・顧客		
		既存	関連	新規
商品・技術	既存	市場浸透 Attack　A	応用販売 AC セグメント	新市場開拓 Challenge　C
	改良	改良 AB セグメント	機能拡大 AD セグメント	アプリケーション改良 CD セグメント
	新規	新製品開発 Bear　B	付加価値 BD セグメント	新需要創造 Develop　D

Hint　表頭・表側などの項目を増やすことにより、きめ細かさが増します。とはいえ、項目が多すぎるとわかりづらくなってしまうため、適切な判断が求められます。

◇ 定型マトリックス…PPM 分析

PPM分析は、ボストン・コンサルティング・グループ (BCG) が考案した、フレームワーク思考を助けるマトリックス型ツールの定型マトリックスの1つです。

PPM＊とは、**プロダクト・ポートフォリオ・マネジメント**のことで、もともとは自社商品のマーケットシェアと市場成長率を組み合わせて、「どの分野に資金を投入すると効率的な経営ができるか」を判断する際に使う経営分析手法でした。

次ページの図のように、縦軸に市場成長率、横軸にマーケットシェアをとり、それぞれの高低によって、次の4つの商品 (事業) 群の枠組みを作っています。

❶花形 (高成長・高シェア) ……これから「金のなる木」に伸ばしていく商品群
相対的マーケットシェアが高いため資金の流入は大きいのですが、一方、市場成長率が高いため資金の流出も大きくなります。

❷金のなる木 (低成長・高シェア) ……会社にキャッシュを生み出していく商品群
相対的マーケットシェアが高いため資金の流入が大きく、また、市場成長率が低いため資金の流出は少なくて済みます。

❸問題児 (高成長・低シェア) ……先が見えないため投資か撤退かを決める商品群
相対的マーケットシェアが低いため資金の流入は小さく、市場成長率が高いため資金の流出は大きくなります。

❹負け犬 (低成長・低シェア) ……新しい投資をしてはいけない商品群
相対的マーケットシェアが低いため資金の流入が小さく、また、市場成長率が低いため資金の流出は少なくて済みます。

PPMによる一般的なマーケティング・ミックスは、❷金のなる木で得たキャッシュを、❸問題児に対する投資にあて、その問題児を❶花形製品に育て、積極的な投資を行ってシェアを高めていく、というものです。さらに、いずれは❷金のなる木に成長させたいという期待をもって事業展開をします。

さらに細かく考察していきましょう。

＊ **PPM**　Product Portfolio Management の略。

「金のなる木」から生まれるお金が多いんだな。
そのお金を、シェアを高めるために「問題児」に投資
してみようかな。新しい「花形」も作らないと…。
そのための商品開発も必要だね。

なるほど！

　マーケットシェアが低くても市場成長率が高い商品群（問題児の一部）は、将来的にマーケットシェアを拡大していくことが可能であるため、その実現のためにも商品群に資金などを投入していく必要があります。しかし、マーケットシェアが獲得できない商品群（問題児の一部）は、さらなる投資か撤退かを決定する必要があります。また一方、高いマーケットシェアを獲得した商品群（花形）は、企業にとってはお金を生み出すものとなります。

　その後、高いマーケットシェアを獲得した商品群の市場成長率は低くなっていきますが、この段階では、数量などの規模により、資金などの流入が最も多く見込めます（金のなる木）。しかしこの商品群も、いずれはマーケットシェアが下がって低成長率・低いシェアの商品群（負け犬）となるのであれば、新たな投資を行うことは得策ではありません。

　このようにPPMは、既存商品（事業）群を枠組みの中に当てはめて一覧にした上で、会社全体の資金の流出入をにらみながら、個々の商品（事業）戦略を立てていくために活用される分析ツールです。

●交差比率分析

　PPMをさらにきめ細かく見るためには、**交差比率分析**という方法を用います。PPMで使っているマーケットシェアおよび商品成長率という2つの比率を掛け算することで、投資するかどうかという判断の目安となる数値（交差比率）を得ることができます。

　この交差比率は、マーケットシェアと成長率という組み合わせだけでなく、利益率をはじめとする様々な比率同士の組み合わせにより、異なったデータをもとに分析することが可能で、PPMの発展的な使い方ができます。

●課題

企業は、「どの商品群がキャッシュを生み出し、そのキャッシュをどのように使うのか」を効率的に判断しなくてはなりません。

次の表をもとに、どの商品で得たキャッシュをどう使って事業を発展させるのがよいかを考えてみてください。

自社売上高・マーケットシェア交差比率分析

商品	市場サイズ M	自社実績 A	シェア S (%)	成長率 G (%)	交差比率 S × G
商品A	3,200	1,100	34.4	100.0	34.4
商品B	15,300	1,800	11.8	120.0	14.1
商品C	1,800	600	33.3	80.0	26.7
商品D	1,500	350	23.3	70.0	16.3
商品E	8,500	200	2.4	100.0	2.4

Hint　交差比率分析によって、市場の大きさだけでなくその市場の成長率も勘案しなければ、有望市場かどうかの判断はできません。

自社の主力商品Bは、自社の売上高への貢献度は大きいものの、交差比率は商品Aより低いです。すなわち、商品Bは有望市場向けの商品ですが、他社に売り負けてしまっているのです。

今後の営業戦略としては、なぜ商品Bが他社に売り負けているのか、その原因を追究し、対応策を打つことで、まだまだ売上高を伸ばせる可能性が高いといえます。

5 フロー・ツールで ロジカル・シンキングを進める

フロー・ツールはプロセス・ツールとも呼ばれ、主にフロー（過程）思考に用いられるツールグループです。ある事象について、時間流、物流、金流、情報流、作業流といった流れの概念を取り入れて、事象全体を一連の過程（流れ）で把握・整理して考え、「ムリ・ムダ・ムラ」を避ける──という、生産性およびその品質向上のための思考法です。

◇ フロー…誰もが知っている PDCA を甘く見るな

　PDCAは、ビジネスパーソンに限らず多くの方がご存知でしょう。しかし、知識として知ってはいても、実際にそれを活かし切れている人は意外と少ないものです。いうまでもなくPDCAは、「Plan〜Do〜Check〜Action」の流れを繰り返すことで、自社のノウハウを蓄積したり、仕事を計画的に進めたりすることを可能にします。

PDCA のスパイラルアップ

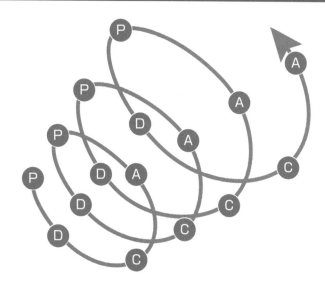

●スパイラル・マネジメント

「PDCAサイクル」という言葉がありますが、サイクルというのは「同じことを繰り返す」ことです。しかしPDCAは、同じ状態を繰り返すのではないため、厳密にいうとサイクルではありません。PDCAは拡大発展していくことを目指しており、成長が期待されているのです。PDCAを繰り返しながららせん状（スパイラル）に発展していくイメージから「**PDCAのスパイラルアップ**」といい、企業の発展・成長のための「スパイラル・マネジメント」としてPDCAを活用します。

●伸縮スパイラルPDCA

「目的と手段」を「階層思考」で見ると、「経営理念を達成する」という目的に対しては「経営基本戦略」が手段となります。あるいは、「月度計画」というのは全社の経営計画の中でも「年度経営計画」という目的達成のための手段です。「手段」というのは、PDCAの「D：実行（Do）」に相当します。

この思考法をPDCAに当てはめたものが「**伸縮スパイラルPDCA**」です[*]。

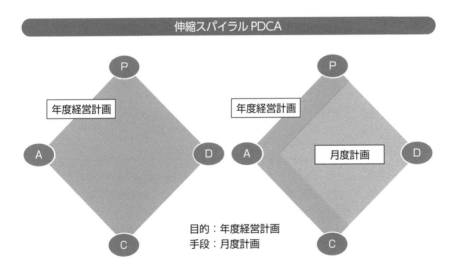

伸縮スパイラルPDCA

目的：年度経営計画
手段：月度計画

---

[*]…です　詳細は『あたたかい管理のための管理会計の教科書』（今井信行著、秀和システム刊）を参照。

伸縮スパイラル PDCA の全体図

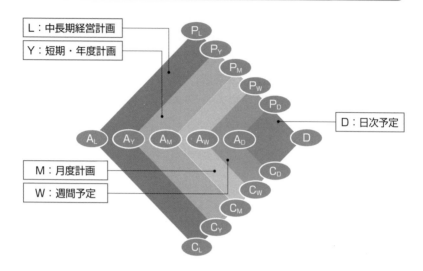

●複合PDCA

　PDCAを実行しようとしたら、そのためのPDCAが必要となります。

　実行しようとするPDCAの「P：計画（Plan）」を立てるときに、そのための
PDCAが必要です。同様に、「D：実行（Do）」でも、「C：チェック（check）」や「A：
対策（Action）」でも、それぞれのPDCAが必要となります。

　これを**複合PDCA**といいます。

> **Hint**　複合スパイラルをPDCA思考で実行する場合には、次ページの「複合ス
> パイラル行動計画書」の見本のように、マトリックスの表側と表頭の両方に
> PDCAを項目として持ってきて作表し、活用します。
> 　さらに、対応する各セルに5W1H思考で対応法を記述して、思考したり、
> 上司に報告したりすることで、よりきめ細かく、ロジカル・シンキングを活
> 用できます。

複合 PDCA

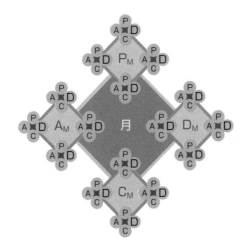

複合スパイラル行動計画書

	Plan	Do	Check	Action
P：計画（Plan）				
D：行動（Do）				
C：チェック（Check）				
A：対策（Action）				

5W1H を加味した複合スパイラル行動計画書

		Plan	Do	Check	Action
P：計画（Plan）	What				
	Why				
	When				
	Where				
	Who				
	How				
D：行動（Do）	What				
	Why				
	When				
	Where				

●実行PDCA

　上述の複合PDCAを実施している最中に、PDCAのいずれかで、とりわけ「D：実行（Do）」の部分で、当初の計画を変更せざるを得なくなることがあります。

　例えば、顧客訪問をした際に、顧客から急にクレーム発言が出て、もともと計画していた商談を脇に置いて、クレーム対応を余儀なくされることがあります。そうなった場合は、「クレーム対応をどのように進めるか」という課題に複合PDCA思考で取り組みます。

　クレームのような重要な想定外のアクシデントではなく、納期を変更してほしいとか、午前中ではなく午後3時に納入してほしいというような、臨機応変な対応を求められることもあります。

　そんなときは、調整やスケジュール変更などで対応できることが多々あります。PDCAの中央に、常に「S：計画（Scheduling）の変更」や「A：調整（Adjusting）」という対応項目を持っていることが必要です。

　このことを「**実行PDCA**」とか「**PDCA/sa**」といいます。

実行 PDCA

> **Hint**　コミュニケーションの中でも、PDCAを利用して話をすることは多いと思います。
> 　PDCAをもとに話をするとき、まず計画時に、そのプロジェクトの目的に沿った基本的な考え方をきちんと説明します。また、実行とチェックが終わって対策を検討する時点では、何をしたか、どのようにチェックしたか、ということを簡単に説明し、今後どのように対応したらよいのか、将来について話をするとよいでしょう。

◇ フロー…AIDMA の法則

　フロー（過程）思考を助ける代表的なフロー・ツールに、「**AIDMAの法則**」があります。これは、マーケティング関連の書籍で必ずといってよいほど紹介されるツールです。

　マーケティングにおける「市場導入から顧客による購買まで」の一連の流れを5つのステップに分解し、各段階で何をどのようにしたらよいのかを分析します。戦略立案やマーケティング分析など、広範囲の用途があります。

A——Attention（**注意**を引く）

　Attentionは「注意」という意味で、顧客と業界の動向を把握した上で、インターネットやマスコミュニケーション媒体などを用いて、広く内外に自社や自社商品・サービスの存在を示す活動です。

I——Interest（**興味**を呼び起こす）

　Interestは「興味」という意味で、各種媒体を通じて自社の商品やサービスの存在を意識させ、内容を知ってもらうための活動です。

D——Desire（**欲求**に結び付ける）

　Desireは「欲求」という意味で、「□□のような商品・サービスがほしい」という欲求を持たせるための活動です。

M——Memory（記憶させる）

　Memoryは「記憶」という意味で、自社の商品・サービスに関心を持ってくれた見込み客に、自社の商品・サービスの特徴を理解してもらい、「□□のような商品・サービスを○○が提供している」ということを記憶にとどめてもらうための行為です。「M」はMake a decisionのMとして、「意思決定」させるという意味でもあります。

A——Action（行動させる）

　Actionは「行動」という意味で、自社の商品・サービスを気に入ってもらい、購買行動に結び付ける行為、つまり、注文書にサインをしてもらうための活動です。

　以上のようにAIDMAの法則は、マーケティングの各段階における戦術を立案するときに利用できるフロー・ツールです。目標の達成率を高めるには、それぞれの段階で何をするべきなのか、できるだけきめ細かく考えることが大切です。

●課題

　AIDMAの法則は、マーケティングにおける一般的な考え方なので、多少抽象的です。これを実際のマーケティング活動に落とし込み、「商談をどのようなステップで進めるか」を8〜10くらいのステップに細分化し、それぞれの段階で何をするのかを記入してみてください。

	ステップ	具体策
1		
2		
3		
4		
5		
6		
7		
8		
9		
10		

AIDMA の法則

注意を引く（Attention）

興味を呼び起こす（Interest）

欲求に結び付ける（Desire）

記憶させる（Memory）

行動させる（Action）

商談進捗のステップ（例）

	ステップ	具体例
1	見込み客の発掘	プル戦略
2	アプローチ	プッシュ戦略
3	ニーズ把握	調査、ヒアリング
4	ウォンツ醸成	ランクアップ、問題共有
5	インテンション	プレゼンテーション、デモンストレーション
6	クロージング	条件折衝、契約
7	商品手配	商品発注、製造
8	納品	配送手配、取扱説明
9	フォローアップ	信頼向上、アフター

memo

ちょっと高度なフレームワーク・ツールに挑戦

本来、ロジカル・シンキングにはあまり利用されないようなフレームワーク・ツールがビジネス界にはあります。しかしそれらの中には、ロジカル・シンキングに活用したり、ロジカル・シンキングの実力向上に役立つものもあります。それらの習得には多少手こずる場合もあるので、本章では、その入口をロジカル・シンキングの視点から紹介します。

フレーム…STRACチャートで企業の損益判断

企業業績は、収益性を見ることにより判断されます。とりわけ、利益が上がっているかどうかを判断できる力を持つことが求められます。STRACチャートというフレームを利用することで、財務にあまり強くない人でも損益判断ができるようになるでしょう。

◇ STRACチャートとは

ビジネスパーソンにとって財務面の経営的理解は必須ですが、決算書を読み解くのは大変です。しかし、既存のフレームを活用すれば、「売上単価×数量＝売上高」というような誰もが知っている知識プラスαの知識だけで、「利益が上がっている会社かどうか」を知ることができます。そのためのフレームが**STRAC*チャート**です。

ここでは、「たいやき屋」という身近な事例で見ていきましょう（本事例では、便宜上、固定費としての人件費を事業規模に合わせた金額に縮小しています）。

●事例

東京の下町に親子3代続いているたいやき屋さんがあります。良質なあんこを使用した昔ながらの手焼きのたいやきのため、1個300円（社員が計算した原価は280円、内訳は材料代180円、給料分100円）で売っています。

一方、駅前に手軽に買えるたいやきの自動販売機があり、1個200円で販売されています。自動販売機より100円も高く売っているためか、たいやき屋さんのたいやきは毎月50個しか売れていません。

このままでは店を続けていけないと判断したたいやき屋さんは、自動販売機よりは、20円高いですが、1個220円で売ることにしました。ただし、原価は280円なので、赤字覚悟で商売を続けることになってしまいます。

しかし、値下げをした結果、店のたいやきは月に200個売れるようになり、どういうわけか儲けも出ました。

---

* **STRAC**　Strategic Accounting（戦略的会計）をもとにした合成語。

●課題

　それでは、いまから皆さんが社長になって、社員に対し、「いくら儲かったのか」、そして「儲かった理由」を説明してあげてください。なお、社員が計算した、たいやきの原価のうち給料分100円は、毎月の給料総額5,000円を、毎月の売上個数50個で割ったものです。

いくら儲かったか：　　　　　　　　　円
儲かった理由

Hint

　常識的に考えて、原価割れでビジネスを行えば赤字になることは自明の理です。ところが、ここで取り上げている事例のように「原価割れでビジネスを行っても儲けが出る」というケースもあり得るのです。

　「原価割れでビジネスを行えば経営が成り立たない」というような「常識」といわれることでも、それが成り立たない状況があるのです。固定観念に縛られていると矛盾に気付かないことがあります。

　相手の言っている内容が、一見、筋の通らないことのように聞こえる場合もあります。そんなとき、不審に思って、「原価割れビジネス」という、相手がすすめてくれたことを実行しなかったらどうだったでしょうか。この事例も、STRACチャートを使って論理的に追究してみると、想定外のことを発見できるかもしれません。

◇ STRAC チャートで収支を見る

　会社の損得を計数的に考える場合、本文176ページのように数字を公式に当てはめて結果を導き出すこともできます。しかしその場合、計算した人は数学的なことを理解していても、結果を説明される相手にとっては、その内容がわかりづらく、意味が理解できないということも多々あります。

　このようなとき、会社の損得の様子を理解するために利用できるフレームワーク（枠組み）として、STRACチャートといわれるものがあります。

　STRACチャートは、会社の収益の構造を、1個あたりコストの要素（1個あたり売上 [P]、1個あたり変動費 [V]、1個あたり限界利益 [M] の3つ）、および会社全体の収益の要素（販売数量 [Q]、固定費 [F]、営業利益 [G] の3つ）に分けています。そして、これら6つの要素によって収益の構造を明らかにしていきます。

STRAC チャートに数字を入れてみよう

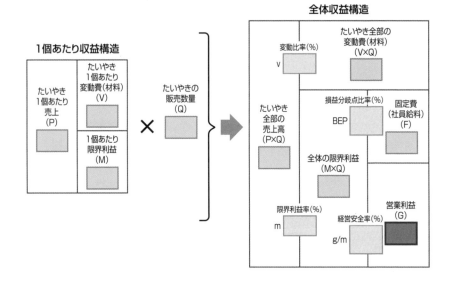

STRAC チャート①

最初の販売単価

値下げ後の単価

1個あたり収益構造

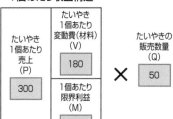

たいやき 1個あたり 売上 (P)	たいやき 1個あたり 変動費(材料) (V)	たいやきの 販売数量 (Q)
300	180	50
	1個あたり 限界利益 (M)	
	120	

$\times$

1個あたり収益構造

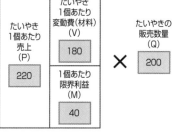

たいやき 1個あたり 売上 (P)	たいやき 1個あたり 変動費(材料) (V)	たいやきの 販売数量 (Q)
220	180	200
	1個あたり 限界利益 (M)	
	40	

$\times$

全体収益構造

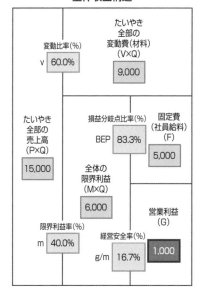

変動比率(%) v	たいやき 全部の 変動費(材料) (V×Q)
60.0%	9,000

たいやき 全部の 売上高 (P×Q)	損益分岐点比率(%) BEP	固定費 (社員給料) (F)
15,000	83.3%	5,000
	全体の 限界利益 (M×Q)	
	6,000	営業利益 (G)
限界利益率(%) m 40.0%	経営安全率(%) g/m 16.7%	1,000

全体収益構造

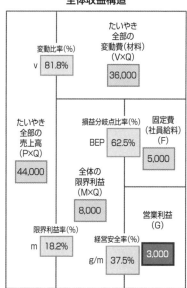

変動比率(%) v	たいやき 全部の 変動費(材料) (V×Q)
81.8%	36,000

たいやき 全部の 売上高 (P×Q)	損益分岐点比率(%) BEP	固定費 (社員給料) (F)
44,000	62.5%	5,000
	全体の 限界利益 (M×Q)	
	8,000	営業利益 (G)
限界利益率(%) m 18.2%	経営安全率(%) g/m 37.5%	3,000

第4章　ちょっと高度なフレームワーク・ツールに挑戦

損益分岐点

損益分岐点計算の基本

●売上高＝経費＋利益

↓

売上高＜経費←赤字
売上高＝経費←損益分岐点
売上高＞経費←黒字

要チェック!!

経費は、変動費と固定費に
分けるのがポイントだよ

売上高と経費の関係が「売上高＜経費」であれば、赤字で儲からない。
「売上高＞経費」となって初めて黒字となる。
その通過点である「売上高＝経費」つまり収支ゼロの地点を損益分岐点という。

●儲け（利益）はいくらか？
　　　利益＝売上高－経費
　　　利益＝売上高－（固定費＋変動費）

↓

毎月安定的に必要となる「固定費」と、
売上高に比例して必要となる「変動費」
とに分けて考える。

まずは、毎月安定的に必要となる「固定費」以上の儲けを出すことが必要

損益分岐点の算出式

$$損益分岐点＝\dfrac{固定費}{1-\dfrac{変動費}{売上高}}$$

う～ん…

公式で計算しても、
ピンとこないなぁ～！

それでは、次のことについても説明してみてください。STRACチャートに数字を書き入れながら検討を進めるとよいでしょう。

●課題

設例1：たいやきが200個売れるとしたら、1個いくらまでなら値下げできるか。

設例2：たいやき1個を220円で売るとしたら、何個以上売らなければならないか。

いくらまで値下げできるか：	円
何個以上売ればよいか：	個

よ〜く考えて数字を入れてみよう

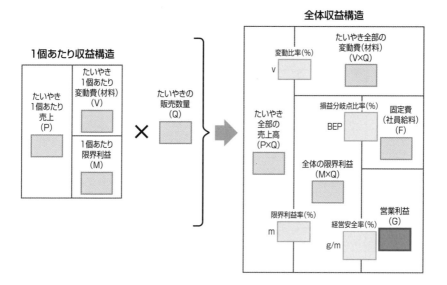

STRAC チャート②

いくらまで値下げできるか

1個あたり収益構造

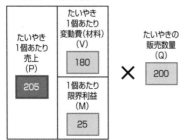

何個以上売る必要があるか

1個あたり収益構造

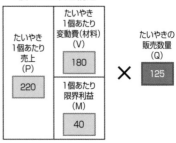

全体収益構造

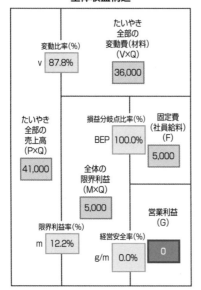

全体収益構造

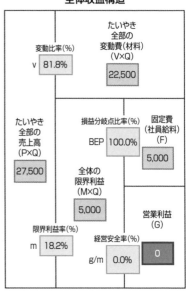

◇ STRAC チャートでロジカル・シンキング

本文177ページの課題の設例1と設例2について、説明はできたでしょうか?

これは、専門知識を持っていない人に対して、数字的な内容や根拠についてわかりやすく簡潔に説明するにはどうするか、を考える問題です。

この場合も、「どのように考えていけばよいか」「どのツールを使えばよいか」がわかっていれば、早く解決策を導き出せるでしょう。

今回は、ロジカル・シンキングのフレームワーク思考を理解し活用するツールの1つであるSTRACチャートを利用して、次の3つのことを行いました。

❶数字的な条件をモレなく抽出する 　　…**モレダメ**を防ぐ

❷会社全体の収益構造を大局的に見る 　**部分把握ダメを防ぐ**

❸シート作成により早期に解決する 　　…**解決遅延ダメを防ぐ**

これらを見ると、フレームワーク思考の「**3つのD**（ダメ）」である、「モレダメ」「部分把握ダメ」「解決遅延ダメ」をすべて防いでいることがわかります。数値データのモレを防ぎ、会社全体の立場で考えた収益構造に視点を置き、スピーディーに作業を進め、経営の意思決定に結び付けることが重要です。

また、この設例では、「説明する」ことが求められていました。

人に何かを説明するとき、「図解したものや、それに準ずるものがあると、説明しやすい」といった経験を持っている人も多いでしょう。図表をふんだんに使ったプレゼンテーションをイメージしてみてください。それらはフレームワーク思考を助けるツールであることが多いのです。記入（作成）後、実際にプロジェクターで投影したものを見せながら説明すると、大きな効果が期待できます。

STRACチャートに限らず、ビジネス戦略の策定や様々な分析に利用されるツール（フレームワーク）には、フレームワーク思考を助けるものがたくさんあります。

蛇足になりますが、設例1および2について、STRACとは異なった観点で補足的な説明をしておきましょう。いわゆる**損益分岐点分析**という手法です。STRACはこの損益分岐点分析が基礎になっている、ということがわかるでしょう。

　損益分岐点とは、損も出ない、また儲けも出ない（利益ゼロ）時点での売上高や売上数量のことです。損益分岐点分析では、費用を変動費と固定費に分けて考えます。

　❶変動費というのは、売上が増加するに従って増加する費用のことで、例えば、仕入原価のような費用です。**❷固定費**は、売上が上がらなくても必ず出ていく費用のことで、例えば、家賃や給料のような費用がこれにあたります。

　固定費と変動費を加算した値をグラフにしたのが「**❸総費用線**」で、これと「**❹売上高線**」との関係で、収支を容易に見ることができるのです。

●設例の解説

　設例1も設例2も、このたいやき屋さんとしては、会社全体が赤字（営業利益マイナス）になってしまっては、つぶれてしまいます。

　最低でも営業利益0（ゼロ：損も得もしていない状態）で、なんとかやっていかなければなりません。したがって、会社としては、固定的に支払う給料の5,000円分だけは、たいやきを売ることで儲けなければなりません。

　この5,000円分の儲けのことを「**❺限界利益**」と呼びます。赤字になるかどうかの瀬戸際（限界）の儲け（利益）という意味です。

　1個あたりの材料代（変動費）は180円ですから、1個あたりの売上と販売数量の2つの要素のバランスによって、5,000円の限界利益を確保するように考えます。

　上記を考慮すると、設例1の場合は、販売数量が200個であれば、1個あたり205円までなら値下げができます。また設例2の場合は、1個あたり売上が220円であれば、125個以上売る必要があります。

Hint　損益分岐点分析は財務の範疇（はんちゅう）だと思っている人も多いと思います。しかしながら、ビジネスというのは「営業だ」「財務だ」といった境界線があるわけではありません。

　損益分岐点分析も、ロジカル・シンキングのツールとして活用できるのです。作り方、使い方、読み方の基本をぜひ身に付けてください。

損益分岐点分析グラフ

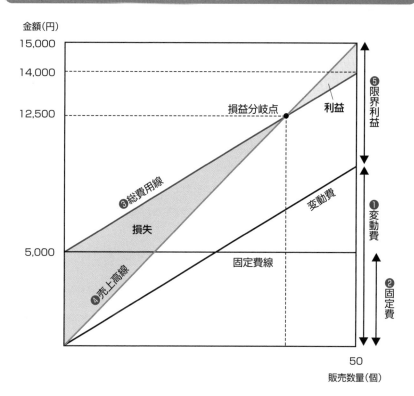

金額(円)

損益分岐点

❺限界利益

利益

❸総費用線

変動費

損失

❶変動費

売上高線

❹売上高線

固定費線

❷固定費

50

販売数量(個)

損益分岐点売上高

$$= \frac{❷固定費}{1-\dfrac{❶変動費}{❹売上高}}$$

$$= \frac{5,000}{1-\dfrac{9,000}{15,000}}$$

$= 12,500 (円)$

損益分岐点比率

= 損益分岐点売上高
　÷売上高(%)

= 12,500÷15,000

= 83.3(%)

経営安全率

= 1−損益分岐点売上高
　÷売上高(%)

= 1−12,500÷15,000

= 16.7(%)

◇ 原価割れ販売でも黒字になる理由を損益分岐点分析グラフでみる

前ページの損益分岐点分析グラフを見てください。たいやきが1個売れると300円の売上高が計上されます。2個売れると600円、というように、たいやきが売れるに従って売上高が増加していきます。これをグラフにしたのが❹**売上高線**です。

一方で費用面では、毎月決まって固定費は出ていくので、固定費＋変動費で求められる総費用は、固定費部分だけ下駄を履かせたかたちになり、それを基準に変動費が比例的に増加していきます。これが❸**総費用線**です。

ある点を通過すると、売上高線が総費用線を越えます。その差額が利益となるので1個あたりの原価が1個あたりの売値より高くても利益が出る、すなわち黒字になるのです。ちなみに売上高線と総費用線が交わる点が**損益分岐点**です。

本文178ページなどのSTRACチャートからわかるように、「固定費＋利益」と「売上－変動費」のいずれも**限界利益**といい、限界利益を売上高で割った比率を**損益分岐点比率**といいます。

設例1および設例2を損益分岐点分析グラフにしてみましょう。

●設例1の解説

設例1の損益分岐点グラフを本文184ページ上図に示します。設例1では、200個のたいやきをX（エックス）円の金額で売ったときに収支ゼロ、すなわち200×X円が損益分岐点となります。

1個あたりの変動費は180円で、それが200個売れるのですから、全体の変動費は180×200円となります。

固定費は前々ページの解説にあるように5,000円です。

変動費180×200円と固定費5,000円を足した総費用が売上高200×X円より低ければよいので、次の計算式が成立します。

$$200 \times X \geq 180 \times 200 + 5{,}000$$

この式を計算すると、1個205円以上であれば損益分岐点を超えるので、利益が出ることになります。よって、単価は205円まで下げることができます。

220円で200個売れた場合の損益分岐点分析グラフ

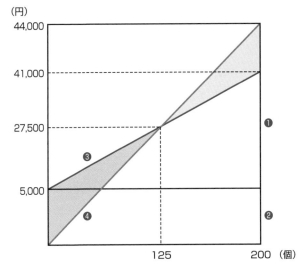

❹売上高 = @220円×200個
❶変動費 = @180円×200個
❷固定費 = 5,000円

$$損益分岐点 = \frac{❷固定費}{1 - \dfrac{❶変動費}{❹売上高}}$$

$$= \frac{5,000}{1 - \dfrac{180 \times 200}{220 \times 200}}$$

$$= 27,500円$$

●設例2の解説

　設例2では、200個を220円で売ったときが収支ゼロになるので、損益分岐点売上高は❹にあるように220円×Y個です。変動費も同様に180円×Y個となります。

　❷固定費5,000円は変わらないので、❶変動費と合わせた費用が、図の計算式で算出され、1個125円以上であれば利益を出せます。したがって、設例2では単価を125円まで下げられます。

設例1の損益分岐点分析グラフ

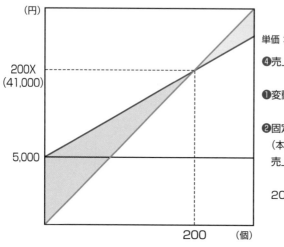

単価：X円

❹売上高 ＝ X円×200個
　　　　 ＝ 200X円
❶変動費 ＝ @180円×200個
　　　　 ＝ 36,000円
❷固定費 ＝ 5,000円
（本文180ページ「設例の解説」参照）
売上高 ≧ 変動費＋固定費

$$200X \geqq 36,000+5,000$$
$$X \geqq 205$$

設例2の損益分岐点分析グラフ

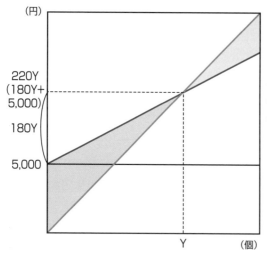

❹売上高 ＝ @220円×Y個
❶変動費 ＝ @180円×Y個
❷固定費 ＝ 5,000円

$$220Y \geqq 180Y+5,000$$
$$Y \geqq 125$$

フレーム…
マッキンゼーの7つのS

戦略立案という視点のフレームとして、ぜひ紹介したいのが「マッキンゼーの7つのS」（略して7S）です。このツールは奥が深いので、ここではポイントだけを紹介します。

◇ 7Sとは

1977年、米国の大手コンサルティング会社マッキンゼー・アンド・カンパニーの中に、戦略や機構と経営効率との相関関係を究明するために2つの研究チームが結成されました。そこから紆余曲折を経て完成されたフレームが「7S」です。日本国内で多く利用されている「7S」は、経営資源を7つの要素に分け、それらをソフトとハードという2つに分類しています。

ソフト面に「共有価値観（Shared Value）」「組織文化（Style）」「人材（Staff）」「能力（Skill）」の4項を、ハード面に「戦略（Strategy）」「組織構造（Structure）」「システム（System）」の3項を分類しています。

ソフトの4Sとハードの3Sの関係

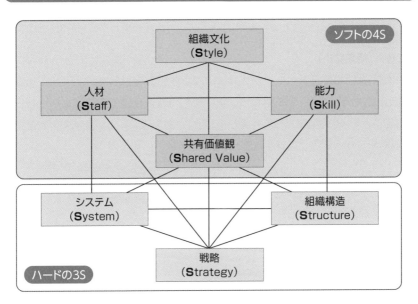

では、7つの各要素について、概要を見ていきましょう。

●Strategy（戦略）

競合に対抗し、自社の地位を向上させる方法・計画・目標を指します。この項目は、次項「Structure（組織構造）」と密接な関係があり、経営戦略にあわせて組織設計を行うことが不可欠です。

●Structure（組織構造）

企業組織の仕組みのことで、組織作りは「7つのS」を同時に包含して扱うことが成功のカギです。企業の組織構造の例として、「機能別組織」「事業部制組織」「チーム組織」などがあります。

●System（システム）

業務フロー、人事考課制度、会計ルール、会社の規則などがハード・システムです。

TQM*（総合的品質管理）など戦略をサポートするシステム、顧客志向に対応するCRM*（顧客との関係性を管理）のシステム、バランスト・スコアカード（4視点業績管理手法）やKPI*（重要業績評価指標）マネジメントなどのシステム、福祉システムといったソフト・システムが注目されます。

●Style（組織文化）

日本語では「経営スタイル」ともいわれます。経営陣の品格や個性が組織に影響して醸し出される企業の個性的な環境を指します。「社員を変えるのではなく、自分が変わることで、その結果として社員が変わる」、「経営スタイルが企業文化や企業風土を作る」という認識が定着することが基本です。

---

* **TQM** Total Quality Management の略。
* **CRM** Customer Relationship Management の略。
* **KPI** Key Performance Indicators の略。

●Staff（人材）

　経営資源として人材は重要ですので、"人財"という観点からの人の扱いに対する配慮を指します。

　よい機構（Structure）は、人（Staff）への配慮から生まれ、人が良質化することにより、そこから生まれる商品・サービスの良質化につながります。その結果、良質の資金の流入を得られます。すなわち、「ヒト・モノ・カネ」といわれる三大経営資源の良質化善循環の源泉です。

　その実現には、士気、動機、態度のレベルにとどまることなく、熱意、使命感・覇気、信念レベルでの定着を図った上で、System、Style、Skill、Shared Valueを考えなければなりません。

●Skill（能力）

　「経営スキル」と「能力」が含まれます。

　「経営スキル」は、経営幹部の持つ、企業力として競合相手に対する優位性を実現できる顕著な能力を指します。

　「能力」は、市場深耕や新市場開拓などに対応できる新しい機能、スキルを追加するための、技術力、商品開発力、販売力などの技術、知識、ノウハウを含みます。成功体験変調の古いスキルを除去し、新しいスキルが定着・成長する仕組み作りが必要です。

●Shared Value（共有価値観）

　経営における最上位概念をもとにした階層思考が、簡単明瞭で、全社一丸となるベクトルの合った「共通目標・共通認識・共通行動」として定着する仕組み、ともいえる思想です。

　「企業思想は、技術力や組織構造などよりはるかに強く企業業績とつながっている」という名言があります。「人を動かす」ことができる価値観・願望・理念・指針・目標で「個を組織の力にする」ことを実現できなければなりません。

「ハードの3S」は、「ソフトの4S」よりは比較的対応しやすいテーマだといわれていますが、7Sの開発メンバーが開発中の段階から強調しているのは「ハードを変えてもソフトが変わらなければ結果は変わらない」、すなわち「立派な器を作っても、利用する人の使い方が稚拙であれば、7Sを業務の改善に結び付けることはできない」ということです。

なお、Systemは実際上はハードとソフトの二面性を持つので、Systemを両方に0.5ずつ割り当てて「2.5Sのハードと4.5Sのソフト」とし、Systemについてはハード面とソフト面に分けて考えるとよいでしょう。

組織的な運営をしていくために前提となる戦略は、経営環境に臨機応変に対応していかなければなりません。ソフトを効率的に動かせる組織体の構築や管理のためのシステムは、問題に応じて変更してもよいでしょう。

「7S」は内容が複雑であるため、ここでは7Sに取り組むためのツールとして「7S分析による戦略検討表」のフレーム例（次ページ）を紹介するにとどめます。

Hint ロジカル・シンキング的には、表側（行ラベル）に「ソフトの4S」を、表頭に「ハードの3S」の各項目を持ってきて、マトリックスで考察する方法もあります。

ソフト ＼ ハード	システム System	組織構造 Structure	戦略 Strategy
組織文化 Style			
人材 Staff			
能力 Skill			
共有価値観 Shared Value			

7S分析による戦略検討表の例

作成：　　　　　　　　　　　　　　　　　　　　　　　　　　　　　　　年　月　日

区分	項目	概念の定義	チェック項目	理想像	自社の現状	理想現状差異	短期視点	長期視点	行動計画 一年計画	行動計画 5年後の姿
ソフトの4S	共有価値観 Shared Value	個の力を活かせる組織としての価値観・願望・理念・指針・目標	企業理念・ビジョン・経営責任目などが共有されているか／会社の価値観について、社員と経営陣および組織間で浸透しているか／経営陣は長中期的な会社の方向性について理解しているか							
ソフトの4S	組織文化 Style	経営陣の個性や経営姿勢など企業文化・スタイルを創り出す内部経営環境	経営者の意思決定は、トップダウンかそれともボトムアップか／どのような企業風土・企業文化を有しているのか／社員が当事者意識・責任感を持って自ら行動できる（当たり前のことが当たり前にできる）ような雰囲気が醸成されているか							
ソフトの4S	人材 Staff	各自の個性を発揮し、活動できる人材集団	人を採用する際のものさしならびに採用後の教育体系があるか／人材にモチベーションを与えるための報奨制度等が整っているか							
ソフトの4S	能力 Skill	他社と差異化できる経営力や技術等のレベルの高さ	組織のコア・コンピタンスは何か／組織体として技術力、営業・販売力、マーケティング力を有しているか／スキル向上のための仕組みがあるか							
ハードの3S	戦略 Strategy	競争に対抗し自社の地位を向上させる方法、計画または目標	経営理念・ビジョン・目標が明確になっているか／目標を実現するための戦略があるか／事業ドメイン・優先事項は何か／他社との差別化を行う競争優位の源泉は何か							
ハードの3S	組織構造 Structure	企業組織の仕組み	戦略を実施するための組織構築がなされているか／職務権限や指揮命令系統が明確になっているか／組織構造での仕組み・制度が構築されているか							
ハードの3S	システム System	業務・会計規定等のハード、投資効果等のソフト	業績考課制度、予算管理制度、目標管理制度など／事業運営での仕組み・制度が構築されているか／経営マネジメントシステムが構築されているか							

> 表の薄い文字は参考のための記入例です。

フレーム…バランスト・スコアカード、バリューチェーンで上級者的利用

7Sと同様に、定着させるには専門家のアドバイスが必要になる可能性のある「バランスト・スコアカード」と「バリューチェーン」も紹介しておきます。

◇ バランスト・スコアカード

　バランスト・スコアカード（**BSC**＊）は、ロバート・S・キャプラン（ハーバード・ビジネス・スクール教授）とデビッド・ノートン（コンサルタント会社社長）が1992年に発表した業績評価システムです。

▲キャプラン

　企業経営のビジョン・戦略を整合性のあるアクションに落とし込み、全員参加による総力戦で競争優位・持続的成長企業へと切り開いていく戦略実現ナビゲーション・ツールといえます。

　バランスト・スコアカードの「バランスト」は、キャプランとノートンが、「企業戦略」vs「従業員の日々の業務に適用できるアクションプラン」、「財務」vs「非財務」、「従業員」vs「顧客・株主」、「短期戦略」vs「長期戦略」などの二項対立を二面性・両立性と見る「バランス」を目指していたことに由来します。

▲ノートン

　バランスト・スコアカードの枠組みは、企業経営を全社的視点で俯瞰できる仕組みとして、飛行機のコックピットのモニターにたとえるとわかりやすいでしょう。キャプランとノートンは4つの視点を「財務」「顧客」「社内ビジネスプロセス」「学習と成長」としました。視点の数は4つに限らず、名称も自由です。

＊**BSC**　Balanced Scorecardの略。

　下の図の事例では、視点の概念として、「ビジョンと戦略」を実現する全社視点の重要成功要因を、業績評価基準として4つ列挙しました。

　「財務」「顧客」「業績プロセス」「人材と変革」を基準とし、「Why」および「How to do」という発想で、4つの視点を見ていきます。

　それをもとに実践に移し、結果の報告と分析を行い、PDCAスパイラルを示します。PDCA（本文162ページ参照）の視点で繰り返して、さらなる成長へと結び付けます。

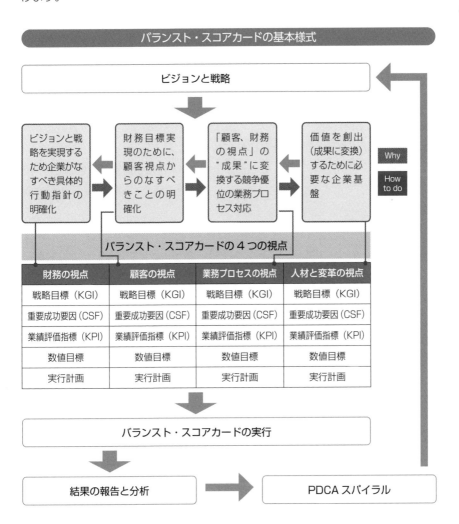

第4章　ちょっと高度なフレームワーク・ツールに挑戦

> **Hint**　BSCは、日本では「バランス・スコアカード」とか「バランス」と呼ぶことが多いようです。開発者のキャプランは「balance」を「バランスをとる」という意味のを動詞として使用し、「バランスがとれた」という意味で「balanced」と過去分詞にしています。
>
> 　その主旨に沿って、本書ではBSCを「バランスト・スコアカード」と表記しています。

◇ バリューチェーン（Value Chain）

　バリューチェーンは、アメリカの経済学者でハーバード大学経営大学院教授のマイケル・E・ポーターが提唱した考え方です。ポーターは1985年に出版した著書『競争優位の戦略』の中で次のように記しています。

　「競争優位は、多くの別々の活動から生まれてくるのであって、会社を全体として観察することによっては理解できない」

　「これらすべての別々の活動とその相互作用を体系的に検討する方法こそが、競争優位の源泉を分析するのに必要である。この分析の概念（思考ツール）として価値連鎖（バリューチェーン）を提案する」

　換言すると、バリューチェーンとは、バリューチェーン分析により企業の競争優位の源泉を確認・発見し、さらには創出し、その上で、競争優位を確立・維持する戦略を立案するための思考ツールです。また、副次的効果として、バリューチェーンの最適化の中でコスト配分の最適化を図ることで、コスト削減を実現できます。また、M&Aや企業連携を検討する際の重要な思考ツールともなります。

　バリューチェーンは、価値を創る「価値活動」と「マージン」からなっています。

　「価値活動」は9つの基本的活動からなり、それらは「5つの主活動」と「4つの支援活動」に分類されます。

　主活動の5つは、競争優位に不可欠な**❶購買物流**、**❷製造**、**❸出荷物流**、**❹販売・マーケティング**、**❺サービス**です。4つの支援活動は、個々の主活動に向けて支援する**❻調達活動**、**❼技術開発**、**❽人事・労務管理**の3つ、そして個々の主活動とは関連性を持たずにバリューチェーン全体を支援する**❾全般管理**（インフラストラクチャー）からなります。

　「マージン」とは、「総価値と価値活動のコストの差」のことです。自社のマージンは次の式で表されます。

$$自社マージン ＝ 自社総価値（売上）－ 自社価値活動コスト$$
$$＝ 最終顧客の価値価格（want\ to\ pay）$$
$$－ 供給者のコスト － チャネルコスト$$
$$－ 自社価値活動コスト$$

　自社の総価値・コスト分析と共に、バリューシステム全体で捉える必要もあります。さらにいえば、自社製品を購買し、新たな価値連鎖を回す最終顧客の自社製品に対する価値価格を高めるために、最終顧客の価値連鎖に自社の価値連鎖をどのように関連付けさせるかが、自社マージンに大きな影響を及ぼすことにも留意する必要があります。

　実務的には、マトリックスでフレームを作り、作業を進めることが多いです。

> **Hint**　7Sと同様に、本節で紹介したバランスト・スコアカードやバリューチェーンも、外見はシンプルですが、専門家の助けを借りたり7Sのハード部分を併用したりしないと、一朝一夕には成果を出せないかもしれません。しかし、ここでの成果物は戦略的意思決定に大いに役立つでしょう。
> 　ただし、成果物だけでは、提案や報告などのコミュニケーションは困難だといえます。聴き手の理解や納得を得るには、それぞれの要素に裏付けとなるデータや情報が紐付けられている必要があります。

バリューチェーンの基本形

支援活動	全般管理（インフラストラクチャー）					マージン
	人事・労務管理					
	技術開発					
	調達活動					
主活動	① 購買物流	② 製造	③ 出荷物流	④ 販売・マーケティング	⑤ サービス	

価値活動

出典：ポーターの『競争優位の戦略』を参考に作成

バリューシステムとは

| 供給業者の価値連鎖 | 自社のバリューチェーン | 流通チャネルの価値連鎖 | 最終顧客の価値連鎖 |

バリューシステム

バリューシステムの視点

全体の価値連鎖（バリューチェーンが合体したバリューシステム）の中で、自社のバリューチェーンがどのように適合しているか、どのようなポジションにあるかの視点は、競争優位の確保と維持にとって重要である。

出典：ポーターの『競争優位の戦略』を参考に作成

第 **5** 章

ロジカル・シンキングによるニーズの把握

　情報を得るために、人とのコミュニケーションは大切です。コミュニケーションの基本は、相手が何を言いたいのかを体系的に整理し、正しく理解することです。その一例として、「いかにして相手のニーズを訊（聞）き出すか」という観点でロジカル・シンキングを使ってみましょう。

　また、「訊き出した情報から、正しい判断を導き出すための材料をどのように見分けるのか」という事実（Fact）の発見にも応用してみましょう。

　ロジカル・シンキングは、学ぶものではなく、体で覚えるものです。ゴルファーが素振りを繰り返してフォームを体得するのと同様、実際に繰り返し使うことが重要です。この章では、実践的な課題を通してロジカル・シンキングを体得します。

●表記について
　本章では、質問をしたり、尋ねたりする意として「訊（聞）く」、また、積極的に耳を傾ける意として「聴（聞）く」と表記します。

ニーズの把握への利用

これまでの章では、ロジカル・シンキングの基本的な概念や考え方と、その思考を助けてくれるツールの使い方を解説してきました。ここでは、ニーズの把握の際に、オープン・クエスチョンやクローズド・クエスチョンをベースとして、ロジカル・シンキングをどのように使えばよいかを解説します。

◇ ニーズの把握はニーズを訊 (聞) き出すことから

「マーケティングの基本はニーズの把握から」といわれます。大は大量の資金を投じての**市場調査**から、小は日々のコミュニケーションの中で相手の希望を訊き出すことまで、ニーズ把握の方法は様々です。

ひと口にニーズといっても、シーンによって様々なものがあります。営業パーソンにとってはクライアントのニーズ、商品開発担当者には消費者のニーズ、マーケティング担当者には市場 (マーケット) のニーズだったりします。そのすべてがニーズといえますが、それぞれの立場によって対象となるニーズが異なる上に、ニーズを捉えるための方法も同じではありません。

例えば、営業パーソンにとっては、対面で商談している相手 (顧客) のニーズを的確に捉えることはとても重要です。見当外れの提案では、顧客も発注をしてくれません。ロジカル・シンキングを基本にした質問や状況分析により、相手のニーズを的確に把握し、相手 (顧客) の立場に立った企画提案 (商談) をすることができます。

ニーズ把握のための質問法は、相手のニーズがある程度わかっている場合とそうでない場合とで大きく異なります。ニーズがまったくわかっていない場合には、手さぐりの質問項目を順次試して、トライ・アンド・エラーでニーズを把握します。ニーズがある程度わかっている場合は、ニーズの絞り込み用の質問事項を列挙しておきます。これらの標準的なひな形を作っておくと、商談の準備の際にそのひな形をもとに修正するだけで済むため、時間的にも質的にもメリットがあります。

ニーズを知ろう

A ニーズを知らない場合

B ニーズを知っている場合

◇ オープン・クエスチョンとクローズド・クエスチョン

　会話においては、相手の考えがある程度推定できる場合とそうでない場合とがあります。一方、質問をされる側も、自分の考えがまとまっていないと、質問によっては答えようがないかもしれません。

　恋人から「どんなプレゼントがほしい?」といきなり訊(聞)かれても、相手がどのくらいの予算を考えているのか、どんな理由でプレゼントしようしているのか、がわからないと、どう答えてよいのか迷います。

　クリスマスのプレゼントなどが推定できるのであれば、「クリスマスのプレゼントのこと?」と問えば、相手は「いや、そうじゃないよ」とYES/NOで答えられるでしょう。NOのときは、そのあとで具体的な理由を説明してくれるかもしれません。

　思いあたる理由がつかめなくて、「何のプレゼントのこと?」と問えば、訊(聞)かれた相手は「ほら、この前、○○君のパーティーで俺の失敗を上手にカバーしてくれたじゃないか。そのお礼だよ」などと、YES/NOではなく説明的に回答します。

　このように、YES/NOの回答を求める場合と、YES/NOではなく具体的なかたちでの回答を求める場合とがあります。

　YES/NOで答えられるような質問を**クローズド・クエスチョン**といい、そうでない質問を**オープン・クエスチョン**といいます。

　子供や話下手の人から意向や考え方を訊(聞)き出したりするのは結構大変です。YES/NOで本質を絞り込んでいく質問の手法といえるクローズド・クエスチョンでは、いろいろな質問に対してYES/NOだけで答えられるので、訊(聞)かれる側は楽です。もちろん質問する側も、自分の言葉で確認できるので、確かな返事をもらうことができます。

　オープン・クエスチョンとは、「YES/NOではなく具体的な説明を求め、相手に考えを自由に話してもらえるような質問手法」です。クローズド・クエスチョンと違って詳細を訊(聞)き出すことが比較的容易なので、相手の真意を引き出すために使うとよいでしょう。まずは、相手が答えやすく、自分が訊(聞)きたいことを引き出せる質問をします。相手の考えていることをいろいろ引き出して整理していくのです。

　クローズド・クエスチョンで開始して、オープン・クエスチョンで深掘りするという使い方は、すべての会話で適用できるわけではありません。

　初めての相手との商談であれば、雰囲気作りも必要です。「クローズド・クエスチョンから始めるほうが、相手は答えやすい」と述べましたが、いきなり「御社ではネットビジネスをしていますか？」とクローズド・クエスチョンで切り出すと、相手は上から目線的な言い方だと感じるかもしれません。

　「最近、ネットビジネスが盛んで、高齢者でも利用している人が増えているようですね。御社のベテラン社員さんはどういったサービスを利用されていますか？」というような、オープン・クエスチョンから始めると、雑談として受け取られ、雰囲気作りにもつながります。

　状況に応じて適宜組み合わせて使えるようになれば、コミュニケーションがスムーズになることでしょう。

◇ ニーズとその捉え方

　ニーズというのは、「相手（顧客）の現状と望ましい状態との欲求不満部分とそれが解消された状態とのギャップ」のことで、営業パーソンは、そのギャップを埋める商品・サービスを提供することでビジネスを成立させます。

　顕在的ニーズというのは、相手（顧客）が問題・困難・不満を感じている部分、すなわち、上述のギャップが明確になっているか、またはおぼろげながらも理解できている状態です。

　それに対して**潜在的ニーズ**とは、問題・困難・不満を抱えているにもかかわらず、それを「どうしたら解決できるか理解していない」あるいはときに「自分自身でその状態を感じていない」ことをいいます。

　営業パーソンの業務は、顕在的であれ潜在的であれ相手（顧客）の抱えているニーズの解決策を相手に理解・納得してもらうことです。その結果として受注などに至れば、顧客の不満の解消や軽減につながります。そのことは営業パーソンの成果となり、顧客も満足することになります。

　商談は、お菓子屋さんの対面販売のように、顧客のニーズが明確で、商談も即決という場合だけではありません。大型機械や設備などの商談では、商談プロセスの最初の段階で、相手（顧客）が何を求めているのか、すなわち、相手のニーズを探り出すことが重要です。また、そのニーズは複雑であることが多いものです。相手（顧客）が解決への方向を理解している場合もあれば、どのように解決したらよいのかわかっていない場合もあります。

　質問を投げかけたり、見本を見せたり、事例を紹介したりして、相手のニーズを探り出すこともあります。すなわち、顧客との商談は、AIDMAの法則にもあるように、段階によっても方法が異なります。

　「彼を知り己を知れば、百戦して危うからず」と孫子の兵法にあるように、商談の初期では、相手（顧客）の状況をできるだけ正確に把握することが大切です。それができていないと、適切な提案をすることはできません。

　相手（顧客）がこちらに興味を示したら、相手が何を求めているかを正確に見付け出しましょう。それがわかったら、提案をぶつけながら、その提案の不適切な部分の修正を図り、最終的に相手（顧客）の問題を解決できる提案をしていきます。

> **Hint**　ロジカル・シンキングとは直接関係ありませんが、マーケティングでは「ニーズ（needs）」と「ウォンツ（wants）」を区別しています。ニーズは「ことやものを必要とする状態」を指し、ウォンツほど必要性を強く感じていないことも多いです。ウォンツは「"それがほしい"と強く感じ、購買という行動にまで発展することが多い状態」です。
>
> 　「お腹すいたな」というのはニーズであり、「この近くにレストランはないかな」とか「ハンバーガーが食べたい」というのはウォンツといえます。
>
> 　両者の境界は必ずしも明確ではないため、本書では「ニーズ」という表現に統一しています。

Hint

商談などでは、相手に応じて接し方が異なります。

　例えば相手が「経営者」とか「社長」といわれる人でも、その特性は様々なので（下図参照）、相手に応じた接し方をするのがよいでしょう。相手のタイプごとにある程度のパターン化をしておき、相手のタイプに応じて質問方法を変えたり、話の進め方を考えたりしましょう。相手によっては、傾聴に重点を置いたり共感を示したりして、自分のペースに巻き込む、という方法もあります。

・傾聴法：相手の本当に伝えたい真意をきちんと理解したい、という素直な
　気持ちで聴く
・共感法：相手の感情、気持ち、意見、解釈を、自分の価値判断抜きで、その
　まま受け止める

　次ページの図を参考にしてマニュアル化しておくとよいでしょう。

経営者のタイプと特性

オーナー経営者／ワンマン経営者

・専門分野に非凡なモノを持つ
・絶対的な権力を持ち、ときに独裁的で長期政権

経営者の指示がなければ受注不可

サラリーマン経営者

・組織的でルールにのっとった運営

ものごとがトップダウンが決まることはない

二世経営者

・高学歴で、苦労知らず、理屈で考える
・自社の能力を考えず、最新の経営手法に興味あり

理想的なシステムの導入を志向、堅実性を忘れる

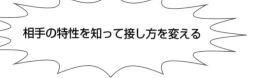

相手の特性を知って接し方を変える

ニーズの捉え方

相手に応じた4つの質問法

この相手（顧客）は、どのようなお客様なのだろう？（状況把握質問法）

この相手（顧客）は、どのような問題を抱えているのだろう？（問題発見質問法）

この相手（顧客）には、どのような提案をしたらいいのかな？（提案示唆質問法）

この相手（顧客）の問題解決には、どのような方法がいいかな？（問題解決質問法）

◇ニーズ把握の4つの質問法

　ニーズ把握の質問においては、相手の特性の違いに加えて、商談の段階に応じて質問方法を変えると効果が高まります。状況把握質問法、問題発見質問法、提案示唆質問法、問題解決質問法の4つの段階と質問法について、それぞれの特徴を理解し、ニーズ把握のポイントを整理しておきましょう。

❶状況把握質問法

　商談の初期段階では、相手（顧客）の状況がわからないことが多いので、それを訊（聞）き出す**状況把握質問法**を使います。相手の現状を知ることが目的ですので、客観的な事実をできる限り集めることを心がけます。現状把握と共に、担当窓口とキーパーソンの名前や役職名、できればその性格・特性や経歴まで見付け出す努力も必要です。

　ニーズを的確に把握して商談に役立てるには、相手（顧客）がどんな業界において、どんなポジションなのかなど、背景や現状を知ることが大切です。そういった情報の多くは、ネットワークを利用するなど何らかの方法で訪問前に入手しておきます。そして、あらかじめ質問の内容を整理しておくことが重要です。

　また、次ページの図のようなツールを事前に用意し、面談中にどのような質問をするか、クローズド・クエスチョンとオープン・クエスチョンの質問事項を整理しておくと、現場で慌てずに済みます。

　いずれの質問事項も、質問を複数準備しておいて臨機応変に使い分けられるようにします（他の質問法でも同様です）。

❷問題発見質問法

　営業活動というのは、顧客のニーズに応えるための支援活動でもあるので、状況把握ができたら、相手（顧客）が抱える問題点を見付け出す手伝いをします。問題を訊（聞）き出す手法が**問題発見質問法**で、とりわけ、潜在的ニーズを発見するときに効果的です。

　問題発見の切り口をどうするのがよいかは、業種・業態によっても異なります。経営資源をもとに、ヒト、モノ、カネ、情報他、という切り口もよいでしょう。部門別に質問をぶつける方法もしばしば利用されます。

　具体的な質問は、その部門に所属する人に訊（聞）くこともできるからです。基本的にはMECEになるように分類しますが、細かくなりすぎる項目がある場合には、「その他」という項目に集約します。

　ここでも、事前に商談のポイントを整理し、それに基づいて予想される問題点を列挙しておきましょう。それを訊（聞）き出すために、クローズド・クエスチョンではどのような質問を投げかけるか、オープン・クエスチョンではどうか、事前に質問文を作っておきます。

印刷関連機器商社の新規開拓用の状況把握質問事前準備シート〈例〉

顧客名：Pグラフィック・アーツ株式会社　　　　　　　　　　令和○年○月○日

項目	事前調査概要	聴取ポイント	クローズド・クエスチョン	オープン・クエスチョン
企業規模	上場・資本金・従業員数・売上高等	資本金等企業規模数値と実態との乖離はないか	・株式公開をしてますか ・同族経営ですか	・いつ頃株式公開を ・増資に関してのご予定は
業種・業態	卸・小売り・製造等当該業種	流通チャネルの実態チャネルごとのマージン率	・ユーザーへ直販してますか ・自社製品の製造をしてますか	・卸・小売りの大まかな比率は ・弊社製品の掛け率はどのくらいをご希望ですか
商品・サービス	取扱商品・弊社ライバル企業	営業力、アフターサービス	・○○社さんと取引は長いですか	・売れ筋の商品は何ですか ・困っていることは
取引先	仕入先・顧客	取引先の概要、規模、特徴	・仕入先との関係はよいですか ・顧客とはうまくいっていますか	・仕入先の支払条件は ・どのような客層ですか
競合企業	顧客の競合企業	取引期間、取引量・金額、業界地位	・ライバル企業は強いですか	・競合○社の強みは ・業界でのポジションは
キーパーソン担当調査	履歴・社歴	個人情報のため社内だけで外部資料利用	・担当者は決まっていますか ・担当の方はこの部署で長いか	・担当者はどのような人ですか ・製品ごとの担当は決まってますか
その他	現場でのヒアリング	ヒアリングシートを事前準備	・自分の会社は好きですか ・社内での居心地はよいですか	・会社のどのようなところが好き ・いま困っていることは

> 表の薄い文字は参考のための記入例です。

第5章　ロジカル・シンキングによるニーズの把握

印刷関連機器商社の新規開拓用の問題発見質問事前準備シート（例）

顧客名：Ｐグラフィック・アーツ株式会社　　　　　　　　　　　　　令和〇年〇月〇日

項目	聴取ポイント	予想される問題	クローズド・クエスチョン	オープン・クエスチョン
経営	経営陣の資質	コンプライアンス意識の低さ	・社長さんは厳しいですか？	・社長さんはいつもどのようなことを言っていますか？
財務管理	収益性 管理システムの利用度	内部管理不行き届きで収益性が悪い	・月次決算をされていますか？	・月次決算について税理士のアドバイスを利用してますか？
営業 マーケティング	販売力 業界内ポジション	稼ぐ力があるか	・営業パーソンは外で元気に活動していますか？	・営業報告の管理はどのようにしていますか？
総務管理	社内管理の質 社員研修制度があるか	人材の質の悪さ、管理者のレベル	・社員研修制度がありますか？	・OJT/OffJT の研修はどのようにしていますか？
仕入購買	収益管理意識の高さ	支払や原価管理意識が低くないか	・仕入管理システムは活用されていますか？	・支払関連でどのような問題が発生しますか？
その他	社内雰囲気	活気のなさ	・報連相の仕組みはありますか？	・報連相に対して社員の皆さんはどう感じてますか？

表の薄い文字は参考のための記入例です。

❸提案示唆質問法

　相手（顧客）が抱えている問題の把握ができ、その問題解決において、あなたの提案が役立つことを相手（顧客）に理解してもらえれば、相手（顧客）に適した解決策を提案しやすくなります。相手（顧客）の気持ちを引き付ける具体的な提案をするために、事例紹介を交えたときの質問法が**提案示唆質問法**です。

　事前に、オプション思考を用いたKJ法を使って、質問すべき内容をいくつかのグループに分けて整理しておきます。前項（❷問題発見質問法）のように部門別に分類したり、コンピューターシステムの提案などの場合ならば処理手順別にフロー思考を用いて分類したり、といった方法もよいでしょう。

　企業が抱える問題・課題というのは、企業側が考えているより重要な場合もあります。その重要度についてもランキングを付けておくと、提案のポイントが絞りやすいでしょう。

❹問題解決質問法

　提案示唆質問法を行うと、相手（顧客）が抱える問題・課題が明確になってくるので、それに対する問題解決の方法を固めるための質問をする段階となります。ここで用いるのが**問題解決質問法**です。

　この質問段階においても、前項（❸提案示唆質問法）を参考にしていくつかのグループに分けておくと、訪問前の準備がしやすいでしょう。逆に、1つの解決策が複数の事項に関連するような場合には、提案しようとする課題をトップに持ってきて、次にそれが関連する作業なり処理を列挙してもよいでしょう。さらに、解決すべき課題の重要度の高い順に整列させておくと、発想の重点化もしやすくなります。

> **Hint**　このように、商談の段階ごとに質問の内容も方法も異なってきます。しかし、ここで述べた準備をすべてやっていたのでは、準備だけでも多くの時間がかかってしまいます。短時間でまとまるような商談の場合には、これらを適宜組み合わせて準備しておくとよいでしょう。

印刷関連機器商社の提案示唆質問事前準備シート（例）

顧客名：Pグラフィック・アーツ株式会社　　　　　　　　　　　　令和〇年〇月〇日

項目	予想される問題	重要度	提案ポイント	クローズド・クエスチョン	オープン・クエスチョン
営業関連	顧客管理 回収管理	5	顧客商談進捗管理 回収率管理	・効率アップの営業パーソン支援システムをご存知ですか？	・顧客の商談進捗管理は、どのようにされていますか？
財務会計	財務システム活用 税理士活用度	4	月次決算活用	・月次決算は活用されていますか？	・税理士の先生は、月次決算でどのようなことをしてくださっていますか？
提案3					
提案4					
提案5					
その他					

② 顧客ニーズの訊き出し方

顧客ニーズがどこにあるかを捉えることは、ビジネス成功への第一歩です。ここでは、相手（顧客）が自分自身のニーズに気付いていない場合と、すでに自分が何をしたいのかがわかっている場合に分けて考えてみましょう。

◇ 顧客自身がニーズをわかっていない場合

　パソコンやインターネットの業務への活用について、成功事例を見たり聞いたりすると、「なぜ、うちの会社はインターネットを使ってもっと売上を伸ばせないのだろうか」、「何でうちの会社は請求書の発送に漏れがや遅れがあったりして、代金回収率が悪いのだろうか」などと悩んでしまうことがあります。

　そんな場合、パソコンベンダーの営業パーソンは、どのようにアプローチして、受注に結び付くような提案をしたらよいのでしょうか。

　営業担当者のAさんは、X社社長のBさんを訪問するにあたって商談の進め方を考えました。まず、YES/NOで簡単に答えられるクローズド・クエスチョンを投げかけて顧客の現状を把握した上で、さらに細かい点をオープン・クエスチョンで探っていこう、という方針を決めました。

　クローズド・クエスチョンには、相手が答えやすいという長所があります。また、質問する側にとっても、回答がYES/NOで返ってくるので誤解が少ない、というメリットがあります。一方、詳細を訊（聞）き出したいときにはオープン・クエスチョンが適しています。

●事例

営業担当A：クラウドを利用していますか？

B社長：財務会計システムはクラウド利用です。

A：税理士さんのアドバイスですね？

B：詳しいことはわからないですが、税理士さんと同じシステムを使っているようです。

A：月次決算も、税理士さんとデータ共有ができているということですね？

B：そうです。税理士さんからは毎月、コメントをいただいています。

A：社内のコミュニケーションもメールなどでやりとりしているのですか？

B：メールかどうかはよくわかりませんが、私も、わからないながらも報告や連絡を受けたときに対応しています。

当然、「営業部門で使っていますか？」とか、他の仕入・製造部門や人事・総務部門などでも使っているかどうかを確認します。

> **Hint**　訊（聞）く側にとって重要なことは傾聴力です。傾聴するときは、5W1H（あるいは6W3H、本文214ページ参照）を常に意識しつつ耳を傾けます。
> 　ときには、復唱したり、自分の言葉に置き換えて相手に確認したりすることが必要です。重要事項を復唱するというのは、新入社員研修で学ぶことの1つですが、慣れてくると、油断やおごりのためにその意識が薄れてしまいがちです。

クローズド・クエスチョンとオープン・クエスチョンの使い分け

お客様のニーズがよくわからないな？　まずはクローズド・クエスチョンで答えやすい質問を投げかけてみよう。詳細はオープン・クエスチョンで訊（聞）き出せばいいな。

クローズド・クエスチョン

↓

オープン・クエスチョン

↓

要約して確認質問

よし、これでいこう！

◇ 顧客の現状をオープン・クエスチョンで調査する

　Aさんは、クローズド・クエスチョンを使って質問することによって、X社の状況が少しずつわかってきました。パソコンにあまり詳しくないX社のB社長も、Aさんの質問にYES/NOで回答するだけなので、答えやすく感じました。

　Aさんは、利用状況を知るために、さらに自分の訊（聞）きたい詳細まで質問を展開しようと考えました。

　詳細を知るには、クローズド・クエスチョンではカバーし切れないこともあります。そこで、質問方法をオープン・クエスチョンに切り替えることにしました。

　現状を正確に把握しておかないと、適切な提案ができないからです。

●事例

営業担当A：パソコンは、全社で何台くらいありますか？

B社長：そうですね、かれこれ20台くらいあるかな？

A：その20台は、どのような業務に使っていますか？

B：どのようなと言われても……部署によって、いろいろと……。

A：失礼しました。少々、おおざっぱな質問の仕方でした。例えば、経理部門ではどのような用途にお使いですか？

B：経理ですか？　特別なことをやっているわけではなく、月次決算を毎月5日までに提出するよう指示しています。

A：5日までに、どんな決算資料が提出されていますか？

B：それが結構遅れて、ひどい場合には月の半ばになったり……。

　このように、具体的な質問を投げかけながら、訊（聞）きたいことを展開していきます。あわせて、相手（顧客）側の困っているような点も訊（聞）き出すようにします。

　経理部門以外にも、営業や製造現場その他でパソコンをどのように使っているか、概要を把握します。ヒアリングを終える前に、必ず自分が理解できたことを要約して、相手（顧客）の理解しやすい言葉で確認します。

　さらに、より詳しい状況について、のちほど現場の担当者からヒアリングするようにします。その場合は、特に現状で困っていたりやりにくかったりする部分や、逆に現状で満足している部分などを出してもらって、現在のやり方のよい面については新しく提案するシステムにも活かせるようにします。

オープン・クエスチョンへの切り替え

❶パソコンは、全社で何台くらいありますか？

❷20台くらいあるかな？

❸その20台は、どんな業務に使っていますか？

❹…部署によって、いろいろと…。

❺少々、おおざっぱな質問でした。例えば、経理部門ではどんな用途にお使いですか？

❻月次決算を毎月5日までに提出するよう指示しています。

◇ 顧客がニーズをわかっているとき

　顧客側が自分のニーズをある程度認識している場合には、オープン・クエスチョンとクローズド・クエスチョンの使い方が異なってきます。こちらからの提案を顧客が断ってきたとき（顧客が自身のニーズをある程度認識しており、それに合わないと判断したとき）のケースを例に考えてみましょう。

　いつも顧客先で商談している営業パーソンから、「企画を立案して相手（顧客）にプレゼンテーションする」場面を切り離すことはできません。企画を提案し、説明するだけでなく、顧客と一緒になって考え、お互いが納得できるように解決する「提案・解決型の営業」をしていくことが求められています。

　そのために、相手（顧客）のニーズを的確に捉えて、最適な企画を考え、提案することが必要不可欠です。まずは相手（顧客）のニーズを捉えることが重要です。

　ところで読者の皆さんも、営業職の方であれば、せっかく一所懸命考えて提案（商談）した企画について、「これじゃダメ」「ちょっと違うな〜！」などと断られた経験をお持ちでしょう。そんなとき、どのように対処していますか？「わかりました」と返事をして、諦め顔でそのまま会社に戻った、なんてことはないと思います。

　断られた原因（理由）を考えてみると、なぜ断られたのか、いろいろと思いあたることがあるでしょう。例えば、顧客の考えていたプロモーションの時期と提案した時期が合わなかったのかもしれません。商品の価格が顧客側の予想より高かったのかもしれません。もしかしたら、商品そのものが気に入らなかったのかもしれません。

　しかし、あくまでも想像であって本当の原因（理由）ではありません。

　それでは、どうすればいいのでしょうか――もうおわかりでしょう。答えは「何がダメなのか？」「なぜこの提案は採用されないのか？」「Why so？」を的確に知ることです。

　そのためには、「この提案のどこが（何が）悪かったのか」を見付けるために、相手（顧客）からヒアリングしてニーズを捉え、問題と原因を発見する必要があるのです。そして、そのヒアリングの際にもロジカル・シンキングによる効果的な質問を使います。質問のプロセスを簡単にまとめると次項以下のようになります＊。

＊…になります。　必ずしもこの手順に固執する必要はなく、臨機応変に状況を判断して質問を変えることも必要。

提案を断られたときはどうするのか

どうしてダメなんだろう?
何が悪いのかな?

△△の企画をご提案
させていただきます。

その企画
じゃーダメ
だな!

こんなときは
どうしたら
いいの?

断られた理由や、何
が問題なのかをはっ
きりさせないと、対
処できないと思うよ!

な〜るほど!
では質問して
みればいいのか!

問題や原因を明確にするに
は、相手に質問してみると
いいよ。質問にはおおまか
に2種類あるんだ。
①オープン・クエスチョン
②クローズド・クエスチョン
これを上手に使い分けるの
がポイントだよ!

◇ オープン・クエスチョンでニーズを捉える質問法

オープン・クエスチョンは、相手（顧客）の考えを訊（聞）き出すときに、相手（顧客）に自由に話させる方法です。

例えば、「今回の企画はいかがだったでしょうか？」「商品の価格はいくらくらいをお考えでしょうか？」「今回の企画のどこがよくないのでしょうか？」「どれくらいの期間をお考えでしょうか？」「なぜダメなのでしょうか？」というように、現状ではぼやけている内容を質問することで、相手（顧客）の真意を引き出します。

相手（顧客）の真意がつかめず、「この人は何を考えているのだろう？」と思うことも多いですが、そんなときはオープン・クエスチョンで探りを入れればよいでしょう。オープン・クエスチョンを使うには2つのポイントがあります。

その1つが、**6W3H**です。6W3Hを質問に組み込んで、YES/NOではなく、相手（顧客）に意見や考えを述べてもらうようにします。**5W1H**はよく聞きますが、さらにきめ細かくするために、「What（なに）」、「Why（なぜ）」、「When（いつ）」、「Where（どこで）」、「Who（だれが）」、「How（どんな方法）」という5W1Hに「Which（どちら）」、「How much（金額）」、「How many（数量）」を加えたものが6W3Hです。

2つ目のポイントは、最初の段階では、相手（顧客）の話や返事に自分の意見を挟んだりせず、十分に聴いた（傾聴）上で、さらに考えや真意を引き出す目的で質問を繰り返し、できるだけ相手（顧客）に話してもらうのです。

オープン・クエスチョンとしてどのような質問を投げかけたらよいのか、MECEになるように事前に準備をしておくと、次項で述べるクローズド・クエスチョンでの確認が容易になります。

相手（顧客）の対応を予測して、ロジックツリーやフロー・ツールで質問を整理しておくのもよいでしょう。返答内容に応じてどのボックスにジャンプしたらよいのか一目瞭然なので、顧客の前で堂々と振る舞い、相手（顧客）に信頼感を与えることができるでしょう。

オープン・クエスチョンのポイント

何を考えているんだろう？
まずは
オープン・クエスチョンで
情報収集だ！

時期が合わないな…。
これじゃ
利益が少ないしな…。

そういえば、
オープン・クエスチョン
ってどんな質問をすれば
いいのかな？

ポイントを
下にまとめてみたよ。

| オープン・クエスチョン | → | 相手に自由に答えてもらう質問 |

2つのポイント

①6W3Hを使って質問する

・何が悪いのでしょうか？
・なぜダメなのでしょうか？
・いつ頃ならとお考えですか？
・どんな方法がいいですか？
・どのようにお考えですか？ etc.

②話しやすいように聴(聞)く(傾聴)

・ハイ　　　　・ふ〜ん
・なるほど〜　・そうか〜
・それから〜　・わかりました
・それで〜　　・同感です
・（うなずく）・そうですね〜 etc.

◇ クローズド・クエスチョンで絞り込む

　最初の段階のオープン・クエスチョンによる質問で、相手（顧客）の考えをある程度引き出し、真意にあたりが付いたら、次の段階の質問へ切り替えます。

　質問手法は、クローズド・クエスチョンです。**クローズド・クエスチョン**とは、「YES/NOで答えられる質問をして、本質を絞り込む質問手法」ともいえます。この段階では、オープン・クエスチョンで引き出した考えを論理的に整理してみます。そして次に、その1つひとつを明確にしていくため、相手（顧客）がYES/NOで答えられるように具体的な質問内容を組み立てるのです。

　例えば、「それでは、商品の価格を下げることでよろしいでしょうか？」、「期間は11月の1カ月間でよろしいでしょうか？」、「A商品をB商品に替えたほうがよいでしょうか？」といった質問を繰り返し、引き出した回答によって先方の考えを明確化していくのです。

　クローズド・クエスチョンの特徴は、YES/NOの二者択一的な質問によって、相手の考えを明確化して確認し、最初に引き出した内容（情報）を論理的に整理して、真意を具体的に捉え、質問しながら絞り込んでいけることにあります。

　質問にあたって注意したいのは、質問の切り口を広げすぎないで、必要な項目に的を絞り、1つひとつを確実に切り分け、切り捨てながら、質問を繰り返して、考えをより明確にしていくことです。

　また、最初に聴き取りした発言の内容が、あまりにも漠然としていて、単純にYES/NOの質問に切り分けることが難しい場合は、真意と思える部分に焦点を絞り、そこに集中してクローズド・クエスチョンの質問をして、返答の内容から範囲を絞り込んでいく、という方法もあります。

　このクローズド・クエスチョンの質問で、内容を具体的に絞り込んで範囲を狭めていき、相手（顧客）の真意らしきものが見えてきたら、最後の段階に移ります。今度は、おぼろげながら見えてきた真意の正体を確実にするため、要約して質問することで、間違っていないかどうかを相手（顧客）に再度確認していくのです。

　例えば、「つまり、今回の企画の期間を11月の1カ月に変更するのですね?」、「D
商品の価格を○○円ほど下げることをお考えでしょうか?」、「A商品をC商品に変
更して、価格は○○くらいをお考えでしょうか?」……など。

　このように、これまで絞り込んできた真意(ニーズ)が間違っていないか、要約し
て相手(顧客)に質問をしていくのです。

クローズド・クエスチョン

クローズド・
クエスチョンだけど、
どうすればいいの?

それなら、下に
簡単なポイントを
まとめてみたよ。

そういえば
この前の
企画は好評
だったね?

社内でも
好評だったよ!

クローズド・クエスチョンのポイント

クローズド・クエスチョン　→　YES/NOで答えられる質問

Hint

・必要な項目に的を絞る。　・1つひとつを確実に切り分け、切り捨てる。

・具体的な質問をする。　　・二択を基本に質問する。

・最初は答えやすい質問から始める。

◇ 要約をして確認する

　ホンネで語る人より、自分の立場を考えて建前で話す人が多いものです。とりわけ相手が他社の人であれば、その傾向はいっそう強くなります。ニーズを把握するには、相手のホンネを訊（聞）き出すことが重要です。

　相手の表情をうかがっていると、ホンネなのか建前なのかを感じ取りやすくなります。特に目の動き、顔の表情の変化、手の動かし方などを見るとよいでしょう。すなわち「声なき声を聴（聞）く」のです。

　といったことを前提に、これまで自分が質問を投げかけて訊（聞）き出したことを、自分なりに要約して自分の言葉で先方に確認します。

　要約の質問は、一問一答で答えられるように短くしたり、聴き取った内容を言い換えたりするのも効果的です。

　「要するに○○○○ということでしょうか？」、「整理しますと○○○○とお考えでしょうか？」、「まとめますと、○○○を△△△に変更したいというご希望で間違いありませんでしょうか？」

　そして、次は顧客のニーズ（真意）に対して、再度、企画を考えて提案すればいいのです。商談内容や相手の性格によっては、クローズド・クエスチョンで始めたほうがよいこともあるので、いずれの方法をとるか、どんな順序で「聴く」あるいは「訊く」のかは、臨機応変に選択してください。

　相手の声は「聞く」のではなく、「聴く」であったり、相手の考えを知りたいときには「訊く」であったりすることを忘れないでください。

Hint　以下の点に気を付けて活用してください。

❶相手の立場になって考え、十分に傾聴する。
❷相手が話しやすいように、適度なあいづちを忘れず、聴き手に徹する。
❸この段階では、反論や自分の意見を出さないようにする。
❹質問の論点や範囲を広げすぎないよう、場面に応じた質問にする。
❺相手が答えに詰まったときは、違う角度から答えやすい質問に変える。

要約

Hint 「聞く」は、「言語、声、音などに対し、聴覚器官が反応を示し活動する」（広辞苑）ことで、英語ではhearに相当します。「聴く」は「聞く」と同意の場合もありますが、「傾聴」という言葉もあるとおり「人の言葉を受け入れて意義を認識する」（広辞苑）ことで、listenに相当します。「訊く」は「たずねる」という訓読みもあるようにaskに相当します。

顧客ニーズを訊き出す実践テクニック

オープン・クエスチョンやクローズド・クエスチョンを利用して、商談の段階や目的に応じてニーズを訊（聞）き出す方法を学んできました。ここでは、実際の場面を想定して、ロジカル・シンキング的なニーズ把握の方法を紹介します。

◇ 顧客ニーズを捉える質問（実践編 STEP1）

　営業担当者のAさんは、前回の訪問で把握したニーズをもとに企画書を作成し、プレゼンテーションの準備もして改めてX社を訪問。満を持して企画のプレゼンテーションをひととおり行ったあと、次のように切り出しました。

●事例

営業担当A：プレゼンテーションはいかがでしたか？　今回の企画は自信を持っています。よろしくお願いします。

B社長：なかなかよくできているけど、これじゃ申し訳ないがダメですね。

A：エッ？　ダメですか？

B：考えてくれたのはありがたいけど、この企画じゃ採用するのは厳しいな…。

　Aさんは、自信を持っていた企画だっただけに、断られてショックだったようです。でも、断られた理由がまったくわかりません。Aさんは「Why so?」がまだ身に付いていないのではないでしょうか。

　この場合、まずは断られた理由や問題点を明確にしていくことです。こんなときこそ、相手（顧客）のニーズを捉える質問手法を使うのです。

　ここからどのように質問を投げかけるのか？　皆さんも一緒に考えてみましょう。

実践編　STEP1

今回の提案には
自信を持っています。

残念だけど、
採用は厳しいな〜。

疑問を確認しよう

・なぜ断られたんだろう？
・何が問題なのだろう？
・どうしてだろう？
・怒っているのかな？

断られた理由や、
何が問題なのかがわかれば、
対処できるかもしれないぞ！

理由や問題点を
明確にするために
質問してみよう！
確か、最初は
オープン・クエスチョンで
よかったよな。

◇ 顧客ニーズを捉える質問（実践編 STEP2）

　プレゼンテーションの反応が期待どおりではありませんでした。Aさんは「ここで引き下がってはプロ営業の恥」と自分に言い聞かせます。そして、次のように質問を始めました。

●事例

A：厳しいとおっしゃいますと、何が厳しいのでしょうか？

B：販売期間がよくないのと、以前不評だった商品も入っている。

A：そうですか。では販売期間はどのようにお考えでしょうか？

B：10月ではなく11月頃がいいですね。期間も1カ月では長いので2〜3週
　　間ってところかな。

　Aさんはなかなか上手に質問を始めました。Aさんの質問は、相手にYES/NOの答えを求めるのではなく、「何が厳しいのでしょうか？」という「So what?」で切り出しています。これはオープン・クエスチョンで、相手が自由に答えられる質問になっています。

　「販売期間はどのようにお考えでしょうか？」のところでは、6W3Hを思い出して、Whenを訊（聞）き出しています。

　この2つの質問によって、販売期間の問題および不評だった商品が入っていることが、不採用の原因だと判明しました。

●事例

A：なるほど、では不評だった商品とは、どの商品のことでしょうか？

B：それは確か商品Qでした。売れ残ってしまって困りました。

A：そうだったのですか。他の商品は大丈夫でしょうか？

B：商品Pはよいとして、商品Rは売れたけれど利益が出ませんでした。商品S
　　と商品Tは新しい商品なので販売してみたいな。

実践編 STEP2

質問して訊（聞）き出した情報をロジカル・シンキングで整理しよう

（例）

商品	評価	価格 （利益）	数量
P	○	○	○
Q	×	×	×
R	△	利益 up	減
S	○	○	減
T	○	○	減

Hint 商談では必ずメモをとる習慣を付けましょう。
また、情報を論理的に整理するのがポイントです。

第5章　ロジカル・シンキングによるニーズの把握

　B社長の「以前不評だった商品も入っている」という返答では、どの商品なのかわかりませんでした。そこで、不評だった商品を明確にすることから質問は始まりました。AさんはWhichを中心に6W3Hのオープン・クエスチョンで質問を続け、商品Qと商品Rに問題があったことを知りました。

◇ 顧客ニーズを捉える質問（実践編 STEP3）

　商談はいよいよ佳境に入ってきました。

　一時はどうなることかと懸念された企画ですが、オープン・クエスチョンでの切り返しに成功しつつあります。Aさんは、具体的な質問をぶつけようと思い立ちました。

●課題

　オープン・クエスチョンによってさらに相手（顧客）の考えを引き出していきましょう。皆さんも、続きの質問を考えてから次を読んでみてください。

●事例

Ａ：わかりました。他にも何かよくないところがありますか？

Ｂ：そうですね、納品数量にもちょっと問題あるかな。

Ａ：…といいますと、どういうことでしょうか？

Ｂ：納品数量が○○になっているけど、これでは少し多すぎると思うんです。

Ａ：では、どれくらいの数量をお考えですか？

　また新しい問題がわかったようです。提示した納品数量が相手（顧客）の考えていた数量と違っているようです。

●事例

B：言いにくですが、商品Qは新しい商品Uに替えてもらいたいと考えています。

A：商品Uに替えた場合の価格と数量はどのようにお考えでしょうか？

B：価格は□□で、数量は◇◇程度と思っていますが…。

A：わかりました。では商品Rはどれくらいの利益をお考えでしょうか？

B：できれば○○程度の利益は確保したいです。

A：数量についてはいかがですか？

そして、ここでも商品Qと商品Rが、問題として出てきました。どうやら商品Qは大きな問題があり、商品Rも何か問題があることがわかります。ここでは「How many?」と「How much?」を使っています。

最初は、漠然とオープン・クエスチョンでの質問で、問題がどこにあるのかを引き出していました。問題となりそうな箇所がだんだん見えてきたので、その点にフォーカスしてオープン・クエスチョンを使っています。

ここでは商品Qと商品Rにフォーカスして、相手（顧客）の考え（ニーズ）を引き出しています。

◇ 顧客ニーズを捉える質問（実践編 STEP4）

それでは、話を戻して、会話の続きを見てみましょう。

●事例

A：それでは、商品Pは現状のままの価格と数量でよろしいでしょうか？

B：現状のままでいいと思います。

A：不評だった商品Qは商品Uに変更でよろしいでしょうか？

B：OKです。

Aさんの質問が少し変わりました。オープン・クエスチョンの質問によって、問題となっている箇所が見えてきたので、さらに問題を絞り込んでクローズド・クエスチョンで明確にしようとしています。

実践編　STEP3

| 問題や原因を明確にする必要性 | ⟶ | ピント外れな答えを出さないため |

マーケティングの4P

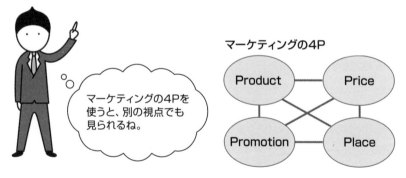

Hint　不明確な点やぼやけている部分を具体的に明確にしましょう。
明確にするには、表現を変えたりして上手に質問を繰り返すのがポイント
です。とりわけ、数量、時期といった数字や固有名詞（商品名）などにも注意
を払い、確認することが必要です。

●事例

A：では、商品Uに変更した場合の価格は□□で、数量は◇◇程度でよいでしょうか？

B：これも大丈夫。OKです。

A：商品Rについても、価格と利益、数量の見直しをすることでよろしいでしょうか？

B：そうですね、先ほども話しましたが見直してくれるとありがたいですね。

A：商品S、商品Tについては、数量を△△程度に減らすことでよろしいでしょうか？

B：その程度まで減らしてくれるならやりたいです。

A：販売時期と期間については、11月頃の3週間ほどでよろしいでしょうか？

B：いや、時期は11月でいいですが、期間は2週間にしてくれませんか？

A：わかりました、2週間ですね。

　販売期間について確認しておいてよかったですね。B社長は最初の返答では販売期間について「2〜3週間ほど」と話していましたが、確認していなかったら問題となるところでした。

　ここまで具体的にわかればしめたものです。Aさんは、最終段階である要約と再確認に移るようです。商談が詰めの段階に入ったら、相手（顧客）の意向を確認して誤解がないようにしましょう。

　自分の言葉で相手にわかりやすく質問します。YES/NOで答えられる質問形式、すなわち、クローズド・クエスチョンは、相手（顧客）の考えを的確に確認できます。もちろん、細かい点ではオープン・クエスチョンで回答してもらい、それをクローズド・クエスチョンで確認するとよいでしょう。

実践編　STEP4

問題点を明確にする

問題点を明確に
するには、確か、クローズド・
クエスチョンを使って
絞り込みをするんだよな!

断られた理由が、
だんだんわかって
きたぞ!

数量を△△に
減らすことで
いいですか?

そうしてくれる
とありがたいな!

販売時期と
期間は、11月
の3週間くらい
でいいですか?

違う違う!
11月で2週間に
してください!

要約して再確認する

再確認では、確か、
言い換えをするのが
ポイント
だったよな～!

これだけ具体的に
問題点がわかった
ら、あとは再確認
するだけだな!

要するに、販売時期
と期間は、11月の
2週間でいいですか?

そのとおり!

商品については
商品Qは～、
商品Rは～
でいいですか?

商品P、S、T
は残して
ください。

◇ 顧客ニーズを捉える質問（実践編まとめ）

　B社長は、Aさんの提案が気に入りました。

　よかったですね。Aさんは、相手（顧客）の考えを引き出し、問題となっていたポイントが見えてきた段階で、要約した質問をして確認とっています。要約の質問では、「つまり〜」「要するに〜」「まとめると〜」といった形で、それまでの話を整理します。「言い換え」をするのも１つの方法です。

　「STEP2」でAさんは、オープン・クエスチョンを使って問題点を上手に訊（聞）き出していましたが、クローズド・クエスチョンを使うこともできます。

　例えば、次のような質問をして、「返答例1」や「返答例2」のような答えが返ってきたら、その内容で絞り込みをします。2つの質問手法を、状況に応じて上手に組み合わせて使ってみましょう。

●事例

（質問）　　A：なるほど、では不評だった商品とは、もしかして商品Qか商品R
　　　　　　　　ですか？

（返答例1）B：そう、商品Qです。売れ残って不評でした。

（返答例2）B：いや違います。商品Pが不評でした。

　ただし、「返答例2」の場合は質問のピントが外れていたことになるので、「そんなことも知らないのか？」と相手を不快な気持ちにさせてしまう恐れがあります。したがって、自信を持ってフォーカスできないときは、オープン・クエスチョンのほうが無難かもしれません。状況に応じて使い分けをすることがとても重要です。

Hint　　実際に質問する場合は次の2点にも注意してください。

❶立て続けにいくつも質問して、質問攻めにしないこと。
❷相手の返答には相づちを打ち、十分に傾聴すること。

　質問することばかりに気をとられて、相手の話を聞く（聴く）ことをくれぐれも忘れないように！　聴き上手がポイントです。

要約の事例

◇ 顧客ニーズをモレなく訊（聞）き出す

　客先を訪問するとき、あれも訊（聞）こう、これも訊（聞）こうと思っていながら、いざ顧客を前にすると頭の中が真っ白になってしまうことがあります。ベテランになっても、帰社後に「そういえば、あのことを訊くの忘れてた」ということはよくあります。そんな失敗をしない方法はないのでしょうか。

　ヒアリング・シートと呼ばれるツールがあります。これは、フレームワーク思考のフレームを自作したツールといえます。ヒアリングすべき事項をMECEに網羅し、その中から必要なすべての情報を訊（聞）き出して、顧客のニーズを見付け出す目的で使います。ヒアリングすべき事項は、顧客の基礎情報と、営業に関する業務情報に大別できます。

　基礎情報とは、顧客を他社と区別するための情報で、会社名、郵便番号、住所、電話（FAX）番号、URL、メールアドレスなどがあります。これらに付随して、経営者や株主、担当者やそれぞれの役職など、キーパーソンを知るための情報もあります。資本金や従業員数、売上高というような、企業規模を表す指標もあります。取引銀行や支払条件、集金方法、財務状況といった、取引に関する金融関連情報もこの分類に属します。

　業務情報は、相手の企業にどのように売り込んでいけばよいかを示す情報です。例えば、相手企業の所属団体・業界、関連企業、取扱商品、取引開始時期や契機などがあります。相手企業が抱えている問題点など、ニーズの把握に関係する情報もあります。また、設備関連の営業であれば、相手先の既存設備状況、研究開発や新商品に関する情報など、入手は難しいかもしれませんが、ニーズの把握に直結するような情報もあります。

　ニーズ把握のためには、**ヒアリング**で訊（聞）き出すだけではなく、社内での与信限度情報や、販売管理システムから得られる取引データ、特にどんな商品にどの程度の実績があるのか、季節指数はどうなっているか、といった情報もあるとよいでしょう。これらが一括したデータシートにまとまっていると、ニーズの把握がいっそう容易になります。データシートの必要項目や様式は、皆さんの企業の商品やサービス、データ利用の目的によって異なります。

第5章　ロジカル・シンキングによるニーズの把握

　ヒアリング・シートは次ページの例にあるように、できればA4サイズで1ページ、最大でも裏表2ページくらいの、コンパクトにまとめたフォーマットが扱いやすいでしょう。

　初期の商談や新規顧客が相手のときになどは、これをもとにオープン・クエスチョンで訊（聞）き出したり、クローズド・クエスチョンで確認したりしながら、ニーズ把握の材料とします。1回の訪問ですべての情報を入手するのは困難だとしても、近年はWebサイトを持っている企業も多いので、事前に調査しやすい項目もあります。また、これらのデータや情報は日々変化するので、継続的なビジネスの場合には、長年の取引先であっても、年に1回くらいは更新しておく必要があります。

　顧客訪問にあたっては、何のために訪問するのかを考えて事前準備をしておくことが、的確なヒアリングやセールストークにつながります。個別企業の訪問準備には、本文234ページの図のような**6W3H**フォーマットを準備しておくとよいでしょう。

　フォーマットの表側に6W3Hを配置し、対応する項目を訪問前に検討しておきます。訪問の際には、どの商品のどの機種を、何のために、誰に、どのように説明するのか、それをいくらで、いくつくらい売るために訪問するのかをまとめておきます。

Hint

　「気が小さい」といわれる人がいます。そのような人は、他人の反応が怖い、失敗しそうで心配、うまくできなくて恥ずかしい、といった気持ちが人より強すぎるのです。そのため、本来の自分の姿をあまり人に見せません。

　本文230ページの事例2にあるような旅行話を提案されたとき、自分はあまり乗り気ではないのに「ノー」と言えない人も日本人には多いようです。自己主張をするのが当たり前のようになってきている昨今ですが、そのような人もいるということを知っておくべきです。

　例えば、管理職が部下から商談報告を受けようとするときに、相手が答えやすいように、まず、クローズド・クエスチョンを中心に訊（聞）きたいことから始め、部下の言いたいことがわかってきたら、雰囲気作りと共に、部下が話しやすいようにオープン・クエスチョンを投げかけてはどうでしょうか。

お客様ご意見承り表

平成　　年　　月（　　）担当

会社名		工場・事業部	
部署名		役職・氏名	
住　所	〒		
電　話		FAX		E-Mail	
資本金		従業員数		

■貴社の生産品目、業務は

☐家電製品　　　　　　☐自動車・電装品・部品　　☐官公庁・公的研究機関
☐照明器具　　　　　　☐医療用機器　　　　　　☐大学・高校・各種学校
☐光学機器　　　　　　☐AV機器　　　　　　　☐その他の産業機器
☐燃焼器具　　　　　　☐計測器　　　　　　　　☐電気・通信・建設工事業
☐情報機器　　　　　　☐建設・工作機械　　　　☐放送・通信・CATV事業
☐電気・電子部品　　　☐船舶・航空機　　　　　☐測定・調査・コンサル業務
☐放送・通信機器　　　☐電線・ケーブル　　　　☐リース・レンタル業務
☐電力・電源機器
☐その他

■ご使用の測定器、設備は

①○○測定器
☐A測定器　　　　　　☐B測定器　　　　　　☐C測定器
☐その他

②○○関連機器
☐D機器　　　　　　　☐E機器　　　　　　　☐F機器
☐その他

③公的試験場を利用することがありますか？
☐YES　　☐NO　　利用例 [　　　　　　　　　　　]
☐その他

（以下略）

6W3H による商談準備表

顧客名：ABC 印刷製本株式会社

項目	商談対応
状況	P グラフィック・アーツ社は、印刷関連機器や消耗品を印刷会社などに販売する中堅の商社です。これまで取引がなかった ABC 印刷製本株式会社（略称：ABC 社）との取引を希望し、そのアプローチを前に準備を進めています。
WHAT	製本機械全般。
WHY	事前調査によると ABC 社は、小ロットの事務用印刷物は外注に出していました。内製化による、利益率改善を提案したい。
WHEN	今週中に訪問して、当四半期内に取引を開始したい。
WHERE	自社空白市場である中央区北部に実績を作りたい。
WHO	当社社長の後輩が、ABC 社の会長をしていることから、キーパーソン紹介を受けてアプローチをする。
WHICH	新製品：小型高速電子制御紙折機を突破口として折衝開始する。
HOW	キーパーソンに電子制御のすばらしさを見ていただくために、デモ機持ち込みで実演する。
How Much	2 台目以降は通常価格とするが、1 台目は中央区北部市場初の実績となるために宣伝広告を兼ねて大幅な値引きを提案する。
How Many	初期 1 台を実現し、よさを理解していただいてから、3 台以上を年度内に販売したい。
備考	会長への手土産を準備しておく。

表の薄い文字は参考のための記入例です。

第 ⑥ 章

ロジカル・コミュニケーションで理解を得る

　問題の解決案や新規の提案など、ロジカル・シンキングで策定したものを相手に理解してもらうには、こちらからの働きかけが必要です。コミュニケーションにも論理性があると、理解や納得を得やすくなります。パワーポイントを用いたプレゼンテーションやネゴシエーションが重要になってきました。

　ロジカル・シンキングの手法でプレゼンテーションを行うことを、「ロジカル・プレゼンテーション」といいます。同様に、ロジカル・シンキングの手法で交渉を上手に行うスキルを「ロジカル・ネゴシエーション」といいます。

●表記について
　本章では、質問をしたり、尋ねたりする意として「訊（聞）く」、また、積極的に耳を傾ける意として「聴（聞）く」と表記します。

① プレゼンテーションで相手の理解を得る基本

いまや、すべてのビジネスパーソンに対してプレゼンテーション技術が求められているといえます。小手先の「目立つ」プレゼンテーションではなく、相手の理解を得やすいプレゼンテーションが特に求められるようになってきました。

◇ プレゼンテーションの必要性

自分の気持ちや考えを相手に伝える機会は、プライベートやビジネスなどあらゆる場面であるものです。そして、ビジネスパーソンにとっては、プレゼンテーションのスキルは必須といっても過言ではないでしょう。会議での業務報告、企画の説明、日常業務の上司への報告、取引先での企画書の説明、顧客への商品説明、商品説明会など、プレゼンテーションの場面は数多くあります。

プレゼンテーションとは、「相手のニーズを適切に認識し、自分が相手に理解してほしい事項や考え方、あるいは売り込みたい企画や商品・サービスなどについて、専用ソフトを用いて視覚化して、伝えたい内容を制限時間内にわかりやすく効果的に説明する技術」です。その目的は、「伝えたい内容について相手の納得を得て、相手に行動に移してもらい、所期の成果を上げることだといえます。

プレゼンテーション（presentation）の「present」に「贈り物」という意味もあるとおり、自分の言いたいことを一方的に言うのではなく、相手の立場も理解し、双方がWin-Winの関係になることが望ましいです。

そして、そのためのスキルが**ロジカル・プレゼンテーション**です。「論理的」を意味する「logical」の前に「psycho」を付けて「psychological」とすると「心理的」という意味になりますが、ロジカル・プレゼンテーションは心理的な側面を意識して行うとよいでしょう。

プレゼンテーションのメリットの1つは、相手が知りたいことをビジュアル化した情報と共に、相手の表情や動作を見ながら話を進められる点です。プレゼンテーションには、五感を活かしやすい、見えない力が宿っているといえます。相手も理解しやすく、双方向のコミュニケーションも可能なことから、いまの時代に求められるコミュニケーション技術の1つだといえます。

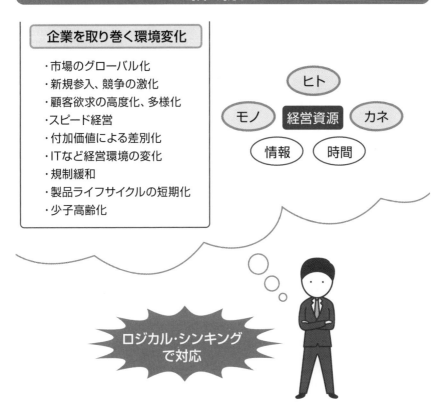

時代に対応する

企業を取り巻く環境変化

・市場のグローバル化
・新規参入、競争の激化
・顧客欲求の高度化、多様化
・スピード経営
・付加価値による差別化
・ITなど経営環境の変化
・規制緩和
・製品ライフサイクルの短期化
・少子高齢化

経営資源
ヒト
モノ
カネ
情報
時間

ロジカル・シンキング
で対応

◇ プレゼンテーション上達のポイント

　それでは、プレゼンテーションはどうすれば上達するのでしょうか？　何事においても自分を磨く方法に近道はありませんが、このプレゼンテーションに上達の秘訣があるとすれば、それは場数（経験）を踏むことです。

　プレゼンテーションの大原則は、とにかく「わかりやすく」ということです。いかに聴き手にわかりやすく伝えられるか、がポイントになります。

　また、プレゼンテーションの基本はコンセプト作りだといえます。何を訴えたいのか、その目的が不明確では、土台が脆弱な建物のように不安定で、いつ崩れるかわからないものとなってしまいます。

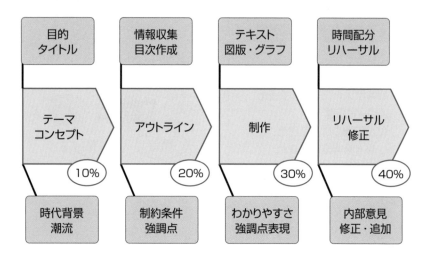

準備手順と時間配分の目安

◇ 基本は短時間のスピーチ

　ひとくちにプレゼンテーションといっても、かけられる時間や聴き手の人数などによって進め方は異なります。3分間と30分間では見せ方が違ってきますし、まして2時間や3時間ともなれば、事前の十分な準備も必要となります。

　短時間の場合と長時間の場合とでは、話す量が明らかに違います。その時間の長さに合わせて、内容を組み立てなければなりません。持ち時間が3分しかないのに30分の内容を考えてきても時間が足りませんし、2時間の持ち時間があるのに3分の内容では、話はすぐに終わってしまいます。

　また、聴き手の人数によっても違いはあります。まず違うのは視線の配り方でしょう。5～10人くらいであれば、1人ひとりに視線を向けながら話せますが、大勢になると最初は戸惑います。そんなときはグループにまとめて、かたまりごとに視線を向けるとよいでしょう。

人数の違いによるポイント

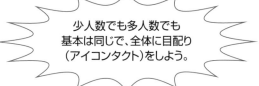

少人数でも多人数でも
基本は同じで、全体に目配り
（アイコンタクト）をしよう。

第6章 ロジカル・コミュニケーションで理解を得る

　スピーチでも、プレゼンテーションの骨組み作り、アウトライン作りがうまくいかないと、尻切れトンボになってしまいます。

　アウトライン作りの実作業は、目次作りを意味します。

　目次作りでは、まず収集した資料の整理から入るとよいでしょう。資料を順序立てて並べていくうちに、ストーリーが見えてきます。KJ法（本文59ページ参照）を使って整理すると、自然と目次ができてくるでしょう。

　プレゼンテーション上達のポイントは下表のとおりです。

要素	項目	チェックポイント
雰囲気を作り出す要素	表情	笑顔を忘れずに優しい表情をしていますか？
	姿勢や立ち位置	話すときの姿勢や立ち位置に気を付けていますか？
	態度	横柄な態度や、気分を害するような態度ではありませんか？
	身だしなみ	清潔感はありますか？　身だしなみに気を付けていますか？
	会場の配置	席、スクリーンなど、聴き手に気を配った配置になっていますか？
話の流れを作り出す要素	内容の組み立て	話の内容の組み立てはできていますか？
	ストーリー	全体の展開を考えたストーリーやシナリオになっていますか？
	重要なポイント	ポイントは論理的に整理されていますか？
	スライド	視覚に訴えるようなスライドが準備されていますか？
	配布資料	読みやすくわかりやすい内容になっていますか？
話し方を作り出す要素	声量とトーン	声のボリュームやトーンは適当ですか？
	メリハリ	話し方のメリハリに気を付けていますか？
	アイコンタクト	視線の配り方に気を付けていますか？
	場を読む	聴き手と会場のその場の空気を読んで対応していますか？
	つかみと間	つかみや話の中での間の取り方を工夫していますか？

◇ プレゼンテーション準備の流れ

　では、プレゼンテーションの準備はどのような流れで行うとよいのでしょうか。大きく4つの段階に分けて考えてみましょう。

❶テーマ、コンセプト作り

　すでに述べたように、プレゼンテーションはコンセプト作りが基本です。テーマやタイトルが先に決まる場合と、コンセプトをまとめてからテーマやタイトルを決める場合とがあります。これは、どちらが先のほうがよいかという話ではなく、状況によって決まります。また、相手のニーズが経営的側面である場合には、経営的・戦略的視点を忘れないようにします。

❷アウトライン作り

　❶で整理したテーマとコンセプトをどのように展開していくか、を決めるのがアウトライン作りです。「どのようなストーリー構成にすると相手の理解を得やすいか」がポイントです。それを、ロジックツリーを使って目次のかたちに整理します。

❸制作とプレゼンテーションの肉付け

　❷で作った目次の各項目でどのような話をするのか整理します。パワーポイントなどのプレゼンテーションソフトを使う場合は、そのための資料の制作をします。後述のように、制作においてはフォントを選び、図版をどのように表現して、どう配置（レイアウト）するかを決めていきます。相手のニーズに応える部分をどう強調するのか工夫が必要です。文字の大きさや色、グラフなど、ポイントを説明しやすいように準備しましょう。口頭での説明が画面上のどこと対応しているかを示すことも必要です。そのためにアニメーションを利用してもよいでしょう。文字による説明に頼らず、視覚に訴え、「読ませるのではなく、見せる」のが基本です。

❹リハーサルと修正

　プレゼンテーションの準備ができたところで、身内を相手にリハーサルをします。リハーサルでは、主張すべきポイントをきちんと説明できているか、時間配分に問題はないか、に注意します。

　時間配分がうまくいかないと、メインの説明を省略せざるを得なくなったり、イントロばかりが長くて飽きられてしまうかもしれないからです。身内の意見に謙虚に耳を傾け、必要ならばプレゼンテーションの修正や作り直しをしましょう。

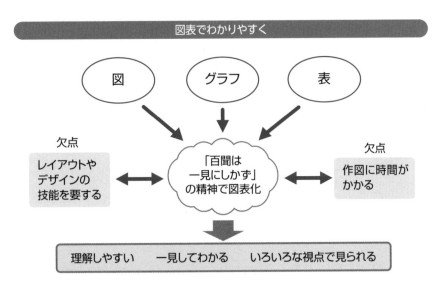

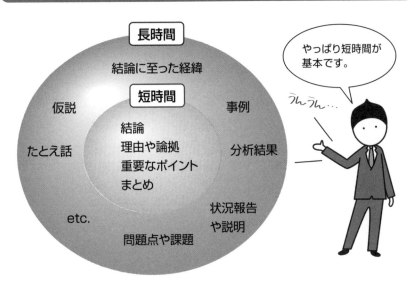

◇ 話すことは怖くない

プレゼンテーションといえば、基本は話すことです。

皆さんの中には人と話すのが苦手という方もいると思いますが、そういう方は、まずは苦手意識を捨てるところから始めましょう。人と話すのは怖いことではありませんし、むしろ楽しいことだと思います。

それでも、「話すのはちょっと」と思うようでしたら、話すのではなく、相手に話をしてもらうようにします。「話し上手は聴き上手」——そう、まずは聴き上手になることです。また、「一対一なら大丈夫だけれど、一対複数になるとどうしてもうまく話せない」という人もいると思います。では、どうすればそれを克服できるのでしょうか？

ここで、皆さんも一緒に考えてみてください。

人間は、言葉を使って話すことで、自分の考えを相手に伝えられます。ある意味で、誰にでもできるコミュニケーションが「話す」ということです。

「話す」こと自体がプレゼンテーションだといえますが、ただ話すだけでなく、より上手に相手を説得しようとする場合は、本格的なプレゼンテーション、すなわちロジカル・プレゼンテーションが必要になります。

コミュニケーションとは、相手と双方向で意思疎通することです。これは、お互いの考えを理解する手段として、生きていく上で必要なことです。一方、プレゼンテーションでは、自分の考えを一方通行で伝え、理解を求めたり説得したりするのが一般的です。両者を比べると、話し方に若干の違いはあるものの、「話す」のが基本だという点では同じです。

大勢の人の前で話すとき、話しやすくなるよい方法があります。

一対多数の場合、会場（聴き手）を見渡していると、自分の話によく反応してくれている人が、必ず1人や2人はいるものです。そして、そのうちの1人に向かって話すようにすると、一対一で話すのと同じ感覚で話せるようになります。最初は要領がつかめないと思いますが、だんだんと慣れてきます。

　「恥ずかしい」「あがり性だ」「自信がない」など、苦手意識の原因は人それぞれかもしれませんが、いずれにしても、克服するためにはまず、自分の考えをしっかり持つことが大切です。「訊（聞）かれたときに答えられない」「どう答えたら正しいのだろうか？」などと思っていると、言葉が出ずに話が途切れてしまいます。自分の考えをきちんと持ち、素直に話すことが一番よい方法です。

　「備えあれば憂いなし」というように、しっかりと準備しておくことも大切です。筆者は、リハーサルに時間をかけます。プレゼンテーションソフトのアニメーション機能を活用し、次に話すべきことを、話し手である自分に教えるのです。次に何を話すか忘れてしまっても大丈夫という安心感が、おのずと自信につながります。

　とはいえ、「話す」ことと「プレゼンテーション」との間には、大きな違いが1つあります。「話す」ときは、自分の言葉で、自分の気持ち、自分の考えを素直に表現するのが基本です。一方、「プレゼンテーション」では、相手の理解、ときには納得や承認を得なければなりません。相手に理解してもらえて説得力のある言葉で話すことも大切です。

> **Hint**　プレゼンテーションの基本として、聴き手に対して何を訴えたいのか、自分の考えの基本、すなわちコンセプトと結論が明確でなければなりません。プレゼンテーションを行っている間、コンセプトを表すキーワードを常に意識していると、話すときにもそれが核となり、相手に理解されやすくなります。
>
> 　また、ストーリーが1つの流れになっていることが基本です。キーワードを箇条書きにして、チェックリストを作っておくと、スムーズなストーリー作りに役立ちます。

話すことは怖くない

話すことは怖くない（続き）

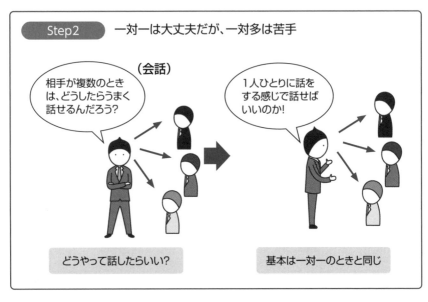

Step2　一対一は大丈夫だが、一対多は苦手

（会話）

相手が複数のとき
は、どうしたらうまく
話せるんだろう？

1人ひとりに話を
する感じで話せば
いいのか！

どうやって話したらいい？

基本は一対一のときと同じ

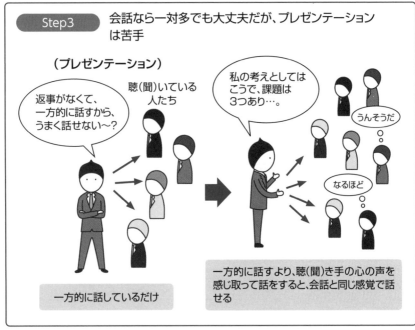

Step3　会話なら一対多でも大丈夫だが、プレゼンテーション
は苦手

（プレゼンテーション）

聴（聞）いている
人たち

返事がなくて、
一方的に話すから、
うまく話せない〜？

私の考えとしては
こうで、課題は
3つあり…。

うんそうだ

なるほど

一方的に話しているだけ

一方的に話すより、聴（聞）き手の心の声を
感じ取って話をすると、会話と同じ感覚で話
せる

◇ プレゼンテーションがわかりにくくなる原因

わかりにくいプレゼンテーションには、共通点があります。そのいくつかを列挙してみました。

❶話の内容（中身）が整理されていない。

❷伝えたいポイントが不明確で整理されていない。

❸結論を導き出すための理由（根拠）が不明確。

❹事実と個人的憶測や想像（推測）とが入り混じっている。

❺事実（理由）➡問題➡事実（理由）と、話が交錯している。

❻全体の話の組み立て（シナリオ）が不十分。

❼結論が曖昧で不明確。

❽意見や提案でなく、個人的な感想を述べている。

わかりやすいプレゼンテーションにするポイント

No.	ポイント
1	まず、収集した情報をもう一度整理しよう。
2	整理した情報から、自分の考えた結論を導き出そう。
3	事実と推論・伝聞とを混同しないようにしよう。
4	報告の内容を組み立てよう。 A）何が結論なのか。 B）その理由と根拠は何か。 C）結論に対しての提案や自分の考えは何か。
5	上記の「4」ができたら、伝えるべきポイントが明確になっているか、自分で再度チェックしよう。
6	報告の前に一度文章にしてみよう。できればパソコンなどではなく、自分で紙に書いてみると記憶に残る。
7	必要ならリハーサル（練習）をしてみることも、上達のポイントになる。ぜひリハーサルしてみよう。

上のアドバイス表を参考にしてみてね！

ふむ・ふむ・・・

なるほど〜わかったよ。

◇ わかりやすいプレゼンテーション

それでは、わかりやすいプレゼンテーションのヒントを次の事例でみてみましょう。

●事例：Ｙさんの報告

　先週に依頼のあった新しい取引先選定の件ですが、候補４社の中でＡ社を選定すべきと考えます。理由は３つです。

　1.　候補に挙がっている４社の中でＡ社の取引手数料が最も安い。
　2.　Ａ社の扱っている商品が当社商品と競合しない。
　3.　Ａ社が業界内のシェアではトップである。

　ただし、問題が２つあります。

　1.　競合のＷ社がすでにＡ社と交渉に入っている。
　2.　万一Ｗ社とＡ社の取引が決定した場合、Ａ社とは取引ができなくなる。

　したがって、Ａ社との取引を前提に早急な対策が必要だと考えます。

この事例のよいところとして、次の３点が挙げられます。

❶結論➡理由（根拠）➡問題➡提案の順に組み立てができている。
❷短時間での報告を意識し、説明は省いてポイントを整理している。
❸確実な事実のみで、憶測や想像（推測）は省いている。

　Ｙさんの報告は、話の内容と組み立て（シナリオ）がよく整理されていて、伝えたいポイントも聴き手にはわかりやすいのです。

　また、業務上の報告の場合、憶測や想像、個人的な意見などは、事実とは区別しましょう。公的な統計資料などは通常、そのまま事実として扱ってよいのですが、客先で聞いてきた情報は必ずしも事実とはいえません。刑事ドラマによく「ウラをとれ！」というセリフが出てくるように、伝聞情報は「傾向をつかむ」という観点では有益ですが、事実かどうかはわかりません。

Ｙさんの報告

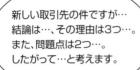

新しい取引先の件ですが…
結論は…、その理由は3つ…。
また、問題点は2つ…。
したがって…と考えます。

よく調べてくれたな〜。
状況はわかった。対策を
考えてみよう。

Ｙさんの報告は
わかりやすくて上手だな〜!
何が違うんだろ〜?
そうだ!
Ｙさんに訊(聞)いてみよう。

ありがとう。
次から気を付けて
みるよ。

❶まず最初に、重要なポイントは何なのか分析
　すること。
❷次に、伝えたい結論と、その理由や事例などに分け、
　ポイントを明確にすること。
❸報告の持ち時間を考えて、伝える内容を組み立てること。
❹持ち時間が短い場合、結論➡理由➡問題、
　または、事例➡まとめ、などの順に組み立て直すと
　いいよ!

第6章　ロジカル・コミュニケーションで理解を得る

　これらは外部情報ですが、いろいろな情報を総合して、自分なりの考えがまとまっているなら、それは自分の意見です。しかし、報告書などでは、できるだけ自分の意見を省くほうが賢明です。自分の意見を載せる場合は、自分の意見であることを明示しましょう。

　上司から「君の意見は？」と訊（聞）かれたときは、自分の意見や見解を話してかまいません。ただし、「私はこう考えるのですが……」と切り出してから話したほうがよい場合もあるので注意してください。なお、伝聞や他からの情報は、その出所を明らかにすべきです。

Hint

　プレゼンテーションも上司に対する報告も、「うまく表現しよう」とか「上手に話そう」という意識が強すぎると失敗しかねません。

　「本来どうあるべきか」という、話し手が理想とする姿を念頭に置いて、今回はどのレベルまで理想像に近付けたいかを事前に決めておきます。その上で、あらかじめ組み立てた筋道に沿って話をすればよいのです。

　客観的なデータをもとに、自分の考えを明確にすると、信頼性が高まります。主観が先行しすぎると、論旨に無理が出たり、論理思考的ではなくなったりしかねません。常に客観性のある根拠を提示するようにしましょう。

◇ 短時間のプレゼンテーション

　プレゼンテーションでは、本文247ページの「わかりやすいプレゼンテーションにするポイント」なども参考にして、ロジカル・シンキングをフル活用してください。短時間の報告であれば、状況説明などは省きます。伝えるポイントをロジックツリーやフレームワークのツールで整理しておき、話の内容と組み立てを考えるときも、フロー思考を中心に論理的に考えをまとめます。

●課題

　それでは、短時間で行うプレゼンテーションの上達ポイントをまとめてみましょう。皆さんも一緒に考えてみてください。

● **短時間でのプレゼンテーションの上達ポイント**

❶結論から先に話し、その理由や根拠を3つ程度にまとめる。

❷できるだけ説明は省いて、簡潔なポイントにまとめる。

❸個人的な憶測などは入れないで、事実に基づいてまとめる（報告などの場合）。

❹伝えたい内容を整理するときに、ロジカル・シンキングを活用する。

❺伝えたいことは何なのかを明確にする。

以上5つにまとめてみましたが、要は「わかりやすく整理して話す」ことです。

では、プレゼンテーションの持ち時間が十分に長い場合はどうでしょうか。時間が長くなれば、まとめたポイントを基本に、説明や状況報告を入れたり、事例を挙げたりします。そのときもロジカル・シンキングは役に立ちます。あらかじめロジックツリーでポイントを整理して、フレームワークのツールで資料を作成しておくと、時間長めのプレゼンテーションにおける資料としても活用できます。

プレゼンテーション・スキルを身に付けるには、多くの人のプレゼンテーション（動画やウェブなども含む）を見て、それらのよいところを吸収する、というのが効果的です。まずは真似てみることから始めます。それができるようになったと自覚してきたら、自分のスタイルに変えていきます。モノマネはしょせんはモノマネでしかありません。プレゼンテーションには、いろいろなスキルや方法がありますが、最終的には自分のスタイルを身に付けるのがよい方法だと思います。

> **Hint**　最初は、プレゼンテーションの基本を知識として理解することです。次に、上手な人のよいところを真似して、実践してみるとよいでしょう。
>
> 　ポイントは、意識して真似することです。自然にできるようになったら、上達している証拠です。真似しているうちに、いつのまにか自分流になり、仮り物が自分の物になるのです。プレゼンテーションも「真似る」+「学ぶ」=「まねぶ」が基本ですね。

プレゼンテーション上達の5つのステップ

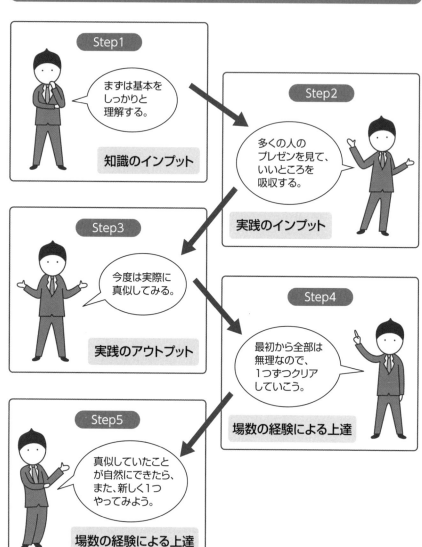

◇ プレゼンテーションツールを活用する

近年は、コンピューター上の専用アプリケーション（プレゼンテーションツール）を用いてプレゼンテーションを行うことが多くなりました。例えば、マイクロソフト社の**パワーポイント**（PowerPoint）を使うと、プレゼンテーション資料を簡単に作成することができます。そして、作成した資料（スライドショー）を大きなスクリーンに映し出すこともできます。

本書では、プレゼンテーションツールの活用をおすすめします。その理由は、話す言葉（聴覚）と同時に画像や資料を見てもらうこと（視覚）で、聴き手は理解しやすいからです。人間の情報伝達力のうち、話し言葉は全体の10％程度しかないといわれています。ツールを使って視覚も活用することで、情報伝達力は格段に上がるのです。

プレゼンテーションツールは、いくつかのポイントを押さえると、より効果的に活用できます。資料（スライド）は「1ページ1話」を基本に作成します。スライドには、話の内容の中で重要なポイントやキーワードを入れていきます。スライドの1ページごとに、話が一区切りになるようにストーリーを展開させると、「聴（聞）きやすい」「話しやすい」という「一石二鳥」になります。

よい資料（スライドショー）を作成するためのポイントを簡潔な10項目にまとめてみましたので、参考にしてみてください。

効果的なスライド作成のポイント

❶ 1ページに多くの内容を入れないようにする（1ページ1センテンス）。
❷ タイトルや目次（項目）で、話す内容がイメージできるようにする。
❸ 文字は見やすい大きさとし、あまりごちゃごちゃさせない。
❹ 長い文章は使わないで、ポイントを要約する。
❺ 文字や図解はバランスよくレイアウトする。
❻ 表や図を1ページに多く入れない。
❼ 半角英数字はできるだけ避けて見やすく。
❽ 表の形はできるだけシンプルにする。
❾ ストーリー展開を考える（電子紙芝居）。
❿ ページデザインは、用途や状況、季節や場所などに配慮する。

スライド作成のポイント：視覚に話しかける

Hint 話し言葉（聴覚）だけでなく、視覚にも同時に訴えるのがよいプレゼンテーションだといえます。しかも、文字を読ませるだけではなく、図や動きのある要素を用いるのが効果的です。画面のどの部分を説明しているのかわかるようにポインターで指し示すだけでなく、アニメーション機能をうまく活用すると効果が高まります。

スライド作成のポイント：よい例と悪い例

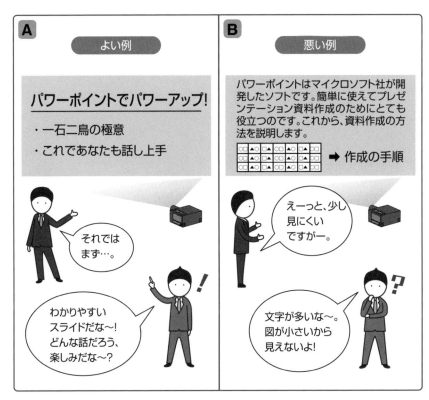

◇ プレゼンテーションで上手に話すコツ

　プレゼンテーションツールを使用すると、プレゼンテーションは画面を見ながら行えるので、自信を持って話すことができます。しかしながらその一方で、プレゼンテーションツールがないと人前では話せない、という人も出てきています。

　プレゼンテーションで上手に話をするためのポイントを以下にまとめてみました。

❶自信を持って話せるように準備

　前述のとおり、事前準備をしっかり行っておけば、話す内容に自信を持つことができ、話し方も自信たっぷりになります。

❷画面と話す内容に注意

　プレゼンテーションツールの画面上の文字を棒読みしていると、相手の理解を得にくくなります。画面を見ればわかることを棒読みするのではなく、ポイントになる言葉を説明するようにします。行間の話や事例の紹介は非常に喜ばれます。

　また、1つの画面で長々と話をすると、聴（聞）く側の集中力が途切れてしまいます。1画面あたりの説明が1〜3分くらいで済むよう、プレゼンテーション制作の際は注意しましょう。

❸音量とスピードを変える

　落語家などは「間」を重視します。プレゼンテーションの場合でも、話し方が平板だと飽きられてしまうので、間を意識し、抑揚や強弱も付けるとよいでしょう。特に強調したいときは、声の大きさや調子を変えます。"立て板に水"であるよりは、たどたどしいくらいのほうが聴（聞）き取りやすい場合もあります。

　相手が理解できる速度で話すことが大切です。一般に、年齢が高い人が対象のときは、1分間に400〜500文字程度の速度がよいとされています。これは、かなりゆっくりとした話し方です。若い人が対象であれば、600文字／分くらいでも十分に理解してもらえます。

❹アイコンタクトをうまく使う

　前述のとおり、画面のどの部分について話しているのかわかりやすいように、ポインターを使ったり、アニメーション機能を使ってみるのもよいでしょう。これらを**間接的アイコンタクト**といいます。画面と話す内容が一致しないと、聴（聞）いている側はどの部分について話しているのか手元の資料で探そうとしたりして、理解がおろそかになります。

　本文238〜39ページで述べたような、聴（聞）く側に直接視線を向けるという（本来の意味での）アイコンタクトのことを**直接的アイコンタクト**といいますが、出席者に視線を配ることは大切です。前列の両端には比較的視線が行きにくいことに注意しつつ、意識して聴き手の目を見ながら話すようにするとよいでしょう。

第6章　ロジカル・コミュニケーションで理解を得る

> **Hint**
>
> 　プレゼンテーションでは、画面の表示内容と話している内容とがシンクロしていることは重要です。
>
> 　箇条書きのテキストも、全テキストを一括して表示させると、ポインター（機能）を使わない限りシンクロが難しいものです。
>
>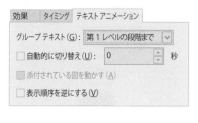
>
> 　パワーポイントのアニメーション機能を使えば、箇条書きのテキストを1項目ずつ順番に表示させていくことができます。そのためには、[アニメーション] － [アニメーションウィンドウ] － [効果のオプション] － [テキストアニメーション] メニューで、グループテキストを設定します（パワーポイントのバージョンにより異なる場合があります）。クリックの操作で1項目ずつ表示させながら説明することで、聴き手は、いま、画面のどの文章について説明しているかがわかります。
>
> 　アニメーション機能を適切に使いこなすことが、上手なプレゼンテーションには欠かせません。

プレゼンテーションで上手に話すコツ

◇ ロジカル・プレゼンテーションの要点

ここでは知識の整理かたがた、ロジカル・プレゼンテーションについてもう一度見直してみましょう。

●課題

ロジカル・シンキングによってプレゼンテーションした場合と、そうでない場合とでは、どんな違いがあるのでしょうか。一緒に考えてみてください。

非ロジカル・プレゼンテーションの場合	ロジカル・プレゼンテーションの場合
・結論（主張）への筋道が通っていない。	・結論（主張）への筋道が通っている。
・ポイントが整理されていない。	・ポイントが論理的に整理されている。
・結論（主張）や根拠が不明確。	・結論（主張）や根拠が明確。
・話す内容のシナリオがなくバラバラ。	・話す内容のシナリオができている。

非ロジカル（非論理的）の場合は、話の内容や組み立てが論理的に整理されていないことが多く、聴き手にとっては非常にわかりにくいといえるでしょう。また、曖昧な点や不明確な点が多く、結論に至る経緯や根拠（理由）も筋道が通っていないため、共感を得ることが難しくなります。

反対に、ロジカル（論理的）なプレゼンテーションの場合、全体の流れにシナリオがあり、結論や根拠（理由）などに一貫した筋道が通っているため、聴き手にとってはとてもわかりやすいといえます。話し手が何を言いたいのか理解でき、共感できたり、自分の考えとの差異もわかり、話し手の伝えたい内容が聞き手の中にしっかり残ります。

6-1 プレゼンテーションで相手の理解を得る基本

　ロジカル（論理的）で良質のプレゼンテーションをするための７つのポイントを次にまとめます。

●よいプレゼンテーションの７つのポイント

❶考えや意見を、ロジカル・シンキングのツールを使って整理する。

❷整理した内容から結論を導き出す。

❸結論に対する根拠（理由）を明確にする（３つ程度に絞り込む）。

❹持ち時間や状況をイメージして話の内容を組み立てる（シナリオ）。

❺話すタイミングに合わせてアニメーション機能をシンクロさせる。

❻リハーサル機能を使って、事前にリハーサルをして準備する。

❼リハーサルでは、説明のタイミングとアニメーションのシンクロ状況を重点チェックし、必要な修正を行う。

Hint　プレゼンテーションでは、❶画面、❷配布資料、❸話している内容の三者がシンクロしていると、相手の理解が高まり、納得してもらいやすくなります。

　そのためには、事前のリハーサルが重要です。アニメーション機能を活かして準備すると、自分の言いたいことや内容を確認でき、本番ではリハーサルのときの状況が自然とよみがえってきて、スムーズに話ができるようになります。

　要するに、ロジカル・シンキングを使い、話す内容を組み立て、相手にわかりやすく、そして明確に筋道を通して話すことです。

　骨子としては、次のような構成が考えられるでしょう。もちろんこの順番でなくても、聴き手にポイントがわかりやすく伝われば大丈夫です。

結論は ➡ 理由は ➡ 問題は ➡ 解決策は ➡ 提案は ➡ まとめ

プレゼンテーションはロジカルに

非ロジカル・プレゼンテーションの場合

いったい何を言いたいのか、結論もよくわからない。話の筋道も通っていなくてバラバラ。もっとわかりやすく話してほしいな〜。

ロジカル・プレゼンテーションの場合

結論も理由もはっきりしている。何より話の内容が整理されていて、全体のシナリオが流れるように展開されているので、とてもわかりやすい。

論理的に整理することから始めよう！

- ・収集した情報の整理は？
- ・整理した情報の分析は？
- ・何を伝えたいの？
- ・結論は？
- ・その理由(論拠)は？
- ・問題は？
- ・解決策は？
- ・結論に至る経緯は？

- ・話す順番は？
- ・話す内容は？
- ・シナリオは？
- ・テーマは？
- ・重要なポイントは？
- ・目次は？
- ・事例は？

② 論理的交渉で説得から納得へ

私たちは、自分の考えを相手に理解してもらおうとして、プレゼンテーションや交渉をします。ロジカル・シンキングを使うとプレゼンテーションがうまくいくことは前節で解説しましたが、ロジカル・シンキングを使った交渉（ロジカル・ネゴシエーション）で相手に納得してもらうにはどうしたらよいか、ここで学んでいきましょう。

◇ 一方通行の働きかけ

プレゼンテーションは、単なる説明ではなく説得を伴うものだと考えられます。一方、ネゴシエーションは「交渉」という意味です。説得と**ネゴシエーション**（以下、**交渉**とも表記）には明確な違いがあります。

次の事例は、Aさんが友人のBさんを温泉旅行に誘っているときの会話です。

●事例

A：今度の3連休に、紅葉見物を兼ねて温泉旅行にでも行かないか？　ちょうど紅葉が一番きれいな時期で、見に行くには最高にいいそうだよ。疲れをとってゆっくりするには温泉もバッチリだしね。場所は□□で、宿泊先は評判のいい○○○を考えているんだけど。

B：確かにこのあいだ、温泉旅行でもしようかと話をしていたけど、また急だな〜。

A：せっかくの連休だし、いまなら宿泊先の空きもあって、ちょうどいいと思ってね。

B：紅葉を見に行きたいとは前から思っていたけど……。

A：じゃ〜行こうよ。君の返事を聞いたら、あとは宿泊の予約をすればOKだし、2泊3日ならきっとふだんの疲れも吹っ飛ぶと思うよ！

B：そんなにすすめるなら、まあ一緒に行くとするかな……。

さて、この会話は、説得と交渉のどちらになるのでしょうか？

この会話では、AさんはBさんを旅行に誘うべく、一所懸命に説得しています。でも2人の会話は、Aさんの一方通行で話が進んでいる感じがしませんか？　つまり、言葉のキャッチボールになっていないのです。

言葉のキャッチボール

第6章 ロジカル・コミュニケーションで理解を得る

では、この例を使った次の課題を考えてください。皆さんならどのように交渉しますか？

●課題

　Aさんを自分だと思って、説得するのではなく、友人のBさんと交渉してください。今度は交渉ですので、Bさんの意見や考えをよく「聴」いて、お互いに納得して旅行に出かけられるようにしてください。Aさんは、「この3連休中に2泊3日で旅行したい」、「場所は□□であれば、宿泊先には特にこだわらない」と考えているものとします。

◇ 双方向の働きかけ

　今度は、AさんがBさんと交渉して、お互いに納得した上で旅行に出かけることになります。どんな会話になるのか聴（聞）いてみたいと思います。

●事例

A：今度の3連休に、紅葉見物を兼ねて温泉旅行にでも行かないか？　ちょうど紅葉が一番きれいな時期で、見に行くには最高にいいそうだ。疲れをとってゆっくりするには温泉もバッチリだしね。場所は□□で、宿泊先は評判のいい○○○を考えてみたけど、まず、君の都合を教えてくれない？

B：確かにこのあいだ、温泉旅行でもしようかと話をしていたけど、また急だな～。予定はなんとか都合が付くと思うよ。それより、宿泊先の○○○は評判はいいみたいだけど、料金が高くないかな？

A：そうだな、確かに少し高めだね。じゃ～他に候補はあるかい？

B：僕は、会社の後輩が泊まった◎◎◎がいいと思うな。料理もおいしくて、特に最後に出てくるそばが絶品らしいよ。しかも改築したばかりで、部屋もとてもきれいだそうだよ。

A：なるほど、なかなかよさそうだね。それで、料金はどうなんだい？

B：もちろん、心配しなくても○○○より安く泊まれるはずだよ。

A：じゃ～宿泊先は◎◎◎にしようか！　ということは場所も□□でOKだね？

B：もちろんそれでいいよ。

A：それから、2泊3日のほうがゆっくりできると思うけど、どうかな？

B：そうだな〜。仕事がなんとかなれば、僕もそのほうがいいと思うから、明日確認してみて連絡するよ。

A：OK、それじゃ〜そうしよう。楽しみになってきたな〜。

このケースでは、Aさんが上手に話を進めてBさんに納得してもらえたといえるのではないでしょうか。

どうですか？　今回のAさんは、Bさんとコミュニケーションをとりながら進めているのがわかりますよね。

最初の事例とは異なり、Bさんの考えをよく聴いて、お互いが合意できるように話を進めていました。どうやら交渉はうまくいき、お互いに納得できる内容となったので、楽しく出かけられそうです。

交渉においては、ただ自分の考えを主張するのではなく、相手の言い分にも耳を傾ける必要があります。双方の意見や考えが出されていれば、歩み寄れる部分がどこなのかお互いに検討でき、あるいは代替案で双方にメリットが見付かったりするかもしれません。

ロジカル・ネゴシエーションは、双方の立場に固執するのではなく、双方の意見を、双方が納得できるものさしで測ることを基準にし、双方にメリットのある方向で話し合うことが基本なのです。

Hint　「説得」はどちらかというと「押し付け的」で、管理職が上から目線で話すようなケースに多いようです。それに対して「交渉」は、相手の気持ちを重視し、同意を前提としています。立場やシチュエーションにより使い分けましょう。

双方向の働きかけ

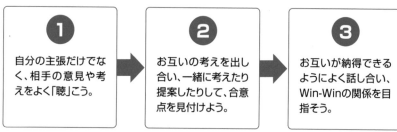

◇ 交渉の基本とは

　いままでの話で、説得と交渉には大きな違いがあることを理解できたと思います。

　まず、**ネゴシエーション（交渉）**とは、「あることを実現して成果を出すため、相手との対話を通して合意を得る目的で働きかけること」ともいえます。対話が基本となるネゴシエーション（交渉）には、コミュニケーションの技術も必要です。なぜなら、コミュニケーションを通して相手の考えを理解していく必要があるからです。

　交渉といっても、いろいろな場面が考えられます。プライベートでもビジネスでも交渉はよくあり、その内容も簡単なことから複雑なことまで様々です。

　例えば、小さい子がスーパーなどで、お菓子を買ってほしいと母親にねだっている場面を見かけます。これは子供にとっての交渉です。

●事例

子供：ママ、このお菓子買ってよ〜！

母親：あとでお勉強をするなら、買ってもいいわよ！

子供：いやだよ〜！

母親：お勉強しないなら、お菓子もだめね。

子供：お勉強じゃ〜なくって、お手伝いするからいいでしょ〜！

母親：仕方ないわね〜。それじゃ〜あとでお手伝いしてね。

子供：は〜い。やった〜、ありがとう。

　この例では、子供は、勉強ではなくお手伝いすることを条件に交渉したともいえます。もっとも、子供は「交渉」などという言葉やその意味を知っているわけではなく、自然にやっているのです。交渉は、生きていく上で必要に応じて自然に身に付くスキルでもあるのです。ここに交渉の基本があるように思いませんか？

　ここで説得と交渉について、整理してみましょう。

・**説得**：一方通行の主張で、自分の意見や考えを説明したりすることで、相手に理解を求めるための働きかけ。

・**交渉**：求めている成果を得るために、相手との意見交換や対話により、お互いが納得して合意を得るための働きかけ。

説得と交渉

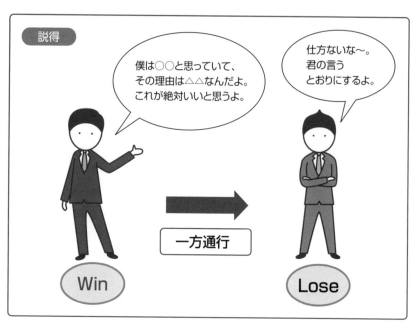

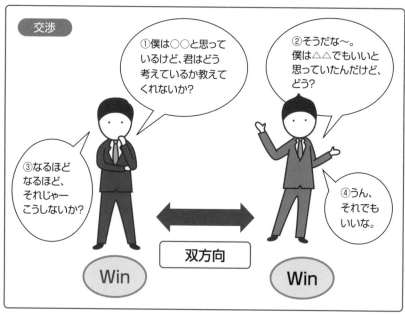

◇ ロジカル・ネゴシエーションを使ってみる

　これまで、交渉の基本について述べましたが、その基本とは別に、上手な交渉のためには、論理的な思考によって交渉を進めること（ロジカル・ネゴシエーション）が非常に重要です。

　ロジカル・ネゴシエーションは、実現したい成果を前提とし、自分の主張したいことを論理的に整理し、それについて双方が合意に達するように、論理的に交渉したり相手の意見や考えとの合意点を探したりして、お互いに納得できる結果を得るための行為です。

　ビジネス交渉の場合、「自分にとって有利な結果へと導きたい」という思惑が双方に働くため、やみくもに自分の主張を話しても、相手に考えが伝わらずに誤解を招いたり、合意点が見付からなかったりすることもあります。そのようなとき、明確な根拠に基づく事実の積み上げによる、論理的に筋道の通ったロジカル・ネゴシエーションを心がけることで、交渉をスムーズに進めることができます。

> **Hint**　ロジカル・ネゴシエーションは交渉の潤滑油的な働きをします。「ロジカル」の背景に、「相手への思いやり」の精神を配することも忘れないでください。

　次に、成果を得るための方法について、先ほどの子供の交渉の場面で考えてみましょう。

成果と条件

子供側
　実現したい成果　➡　お菓子を買ってもらう。
　交換できる条件　➡　お手伝いをする。

母親側
　実現したい成果　➡　勉強またはお手伝いをさせる。
　交換できる条件　➡　お菓子を買ってあげる。

●課題

　子供はお菓子を買ってほしかったのですが、ただおねだりして「買って買って～」とその場で泣いてしまっていたら、どうだったでしょうか？

　「お菓子を買ってもらう」という成果の主張だけでは、「交渉」ではなく、子供の立場を利用した強引な説得にすぎません。交渉の精神を忘れてしまったのでは、母親も応じてくれません。そんなとき、「お手伝いであれば苦にならない」と思っているなら、そのことを条件に交渉ができるのです。

　母親は「勉強かお手伝いをしてもらいたい」と考えていたとしましょう。そして、交換条件として「お菓子を買ってもよい」と思っていたために、お互いに交渉が成り立つのです。

　ここでは、子供も母親も、成果に対しての主張だけでなく、その成果を得るためにできることを提案したといえます。

　では、母親が「勉強かお手伝いをさせたい」とだけ考えていたら、結果はどうなっていたでしょうか。この場合も、「交渉」にも至っていないといえます。

実現したい成果と交換条件

子供		母親	
実現したい成果	交換条件	実現したい成果	交換条件
お菓子を買ってもらう	お手伝いをする	勉強かお手伝いをさせる	お菓子を買ってあげる

交渉のプロセス

◇ ロジカル・ネゴシエーションを活かしてみる

　次に、母親が勉強より「お手伝い」を優先していて、子供も勉強よりお手伝いを選ぶことがわかっていたとしたらどうでしょう。

思考によって成果は変わる

| 子供側 | 実現したい成果 | ➡ | お菓子を買ってもらう。 |
| | 子供の思考 | ➡ | 勉強よりお手伝いが好き。 |

| 母親側 | 実現したい成果 | ➡ | 勉強またはお手伝いをさせる。 |
| | 母親の思考 | ➡ | お手伝いが子供の教育では大切。 |

　その場合、2人の会話は次のように変わるかもしれません。

●事例

子供：ママ、このお菓子買ってよ〜。

母親：あとでお勉強をするなら、買ってもいいわよ！

子供：いやだよ〜！

母親：お勉強しないなら、お菓子もだめね。

子供：お勉強じゃ〜なくって、お手伝いするからいいでしょ〜！

母親：仕方ないわね〜。それじゃ〜買ってあげるけど、食べるのはお手伝いをしたあとですよ！

子供：わかったよ、ママ。

　　　（母親はお店でそのお菓子を購入）

子供：わ〜い。やった〜、ありがとう。

　母親は、「お手伝い重視」ということを子供に教え、すぐお菓子を与えるのではなく、「我慢すること」もしつけています。それだけではなく、この母親は、お菓子をその場で買ってやることで、子供からの信頼を深めています。

　ここで、子供がお菓子を手に入れるまでの判断を、本文159ページのPPMを利用したポジション・マトリックスを用いて整理してみましょう。

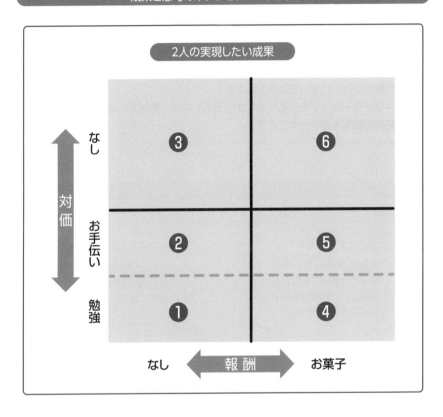

成果と思考のポジション・マトリックス

　横軸に報酬を、縦軸にその報酬の対価をとります。交渉が成立すれば報酬としてお菓子をもらえますが、交渉が成立しないとお菓子はもらえません。対価としては、勉強かお手伝い、あるいは対価なしということも考えられます。

　子供としては、報酬のない❶❷❸は何としても避けたい選択です。母親としても対価なしという❸❻は考えていません。

　子供としては、交渉が成立しないと、母親が親としての強権を発動して、❶❷のいずれかを選択するという、最も避けたい結末が懸念されるので、なんとか交渉を成立させようと譲歩しました。

　その結果、❹または❺のいずれをとるかで迷った末、「勉強よりお手伝いのほうがよさそうだ」と判断して、最終的には❺を選択することになりました。

> **Hint**　交渉では、何らかの方法で主導権すなわちリーダーシップを獲得し、それを相手に悟られないことが大切です。
> 　リーダーシップをとるために欠かせないのが、意図を正確に相手に伝え、最善の結果を導き出すことです。

子供と母親それぞれの考え

3 ロジカル・ネゴシエーションの実践的応用

前節で学んだ論理的交渉（ロジカル・ネゴシエーション）をビジネスに利用するにはどうしたらよいのか、取引先の提案に対する交渉と商談を例に擬似体験してみましょう。その中で、ロジカル・シンキングを使ったネゴシエーションの進め方を体得してください。

◇取引先の提案に対しての交渉〜実践編 STEP1

Sさんを自分自身だと思って、次の課題に取り組んでみてください。

取引先のMさんが、Sさん（あなた）に、次のような提案を持ってきたとしましょう。

● 事例

（Mさんの発言）

本日は、重要なご相談がございまして、お邪魔しました。

弊社で来年4月発売予定の新商品のプロモーションとして、×××を会場とするダーツのスポーツイベントを主催しようと計画中なのですが、御社にも協賛としてご協力をお願いできないでしょうか？

御社にとってもこのプロモーションの成功は、今後の事業計画に大きく貢献できることと確信いたしております。また、今回の協賛企業様はテレビコマーシャルでの宣伝効果も期待できます。このダーツスポーツイベントの昨年度の視聴率は、◇◇%と非常に高い数字で、販促効果は抜群だと考えております。

本日はS様だけを頼りに、お願いに伺いました。ぜひ前向きなお返事をいただけたらと存じます。

Mさんの会社とSさんの会社の考えを本文277ページの表にまとめました。

Mさんは、会場の使用料を捻出するため、Sさん（あなた）の会社に協賛金を拠出してほしいのですが、Sさんの会社では協賛金の支出は厳しい状況です。

しかしSさんは、Mさんに協力するため、代替案で応えようとしているのです。

	両社の考え（前提条件）	

Mさんの会社の考え	Sさん（あなた）の会社の考え
イベント会場の使用料の捻出が厳しく、協賛金によってそれを補完したい。	多額の協賛金は支出できない。
会場以外については、問題はクリアしている。	販促効果は期待できるため、協賛することは可能。
できれば良好な取引関係のSさんの会社に協賛をしてほしい。	会場の手配と費用を安く提供する手段はある（取引先を通じて可能）。

Hint　ビジネスでのネゴシエーションには状況の変化がつきものです。状況が変化すると、変化した状況にとらわれすぎてしまい、本来の目指す方向がブレてしまいがちです。ブレを防ぐためには、コンセプトを明確にし、「5つの力（5F）」（本文135ページ参照）などで考え方を固めた上でネゴシエーションに取り組むことが肝要です。

◇ 取引先の提案に対しての交渉～実践編 STEP2

●課題

　Sさん（あなた）は、Mさんと交渉することにしました。Mさんとの交渉をどう進めていけばよいでしょう。上記の前提条件から、この交渉の展開を考えてみてください。

では、Sさんがどのように交渉を進めていくのか見てみましょう。

●事例

S：ご提案の内容は承知しましたが、協賛金はいかほど必要なのでしょうか？なぜ、弊社の協賛を望んでおられるのですか？

M：単刀直入に申し上げますと、会場の手配などに多額の費用がかかるため、協賛金として△△△万円ほどお願いできないものかと考えております。もちろん、金額についてご相談の上でと存じますが、いかがでしょうか？

S：なるほど。率直に申し上げまして、ご提示の金額では、予算もありませんので、ご希望に添えないかと存じます。ただし、金銭的な協力は厳しいですが、他にご協力できることがあれば、ぜひ検討させていただけたらと存じます。現在、御社で問題になっていることは、具体的にはどのようなことでしょうか？

M：実は会場の費用が高額なために、弊社だけでは捻出が厳しいのです。そこで、社内で検討しまして、協賛先を探すことにいたしました。その協賛候補に御社の名前が挙がりまして、こうしてお願いに伺った次第です。

S：お話の経緯はわかりました。そうしますと、その会場を借りるための費用が不足していて、協賛金が必要なわけですね。では、その会場が安く手配できるとすればいかがですか？

M：そうですね〜、できましたら金銭的なご支援をいただけたらとは存じますが、もし会場を安く手配できるとなりますと、かなり助かります。

　Sさんとしては、多額の協賛金は出せないが、協賛として協力する気持ちはあるので、Mさんの希望や状況を把握したいと考えています。そこでSさんは、クローズド・クエスチョンで相手の意図を読み取ることからスタートしました。

　そして、対話しながら合意点を模索しています。Sさんは、Mさんの協賛金依頼の目的が会場費の捻出にあることを知りました。

　双方が「協賛金」に固執していたら、代替案は出てこなかったでしょう。ゼロベース思考でいったんリセットして、問題を再確認し、それに対してどのような協力体制が考えられるかを検討することで、解決できたのです。

●課題

　SさんはMさんの考えや意図を上手に探っているようです。Mさんの会社は、どうやらイベント会場の費用の捻出に困っているようです。

　このあとSさん（あなた）はどのように交渉を進めるのでしょうか？

交渉〜実践編 STEP2

質問

問題の明確化

代替案

◇ 取引先の提案に対しての交渉〜実践編 STEP3

では、Sさんの交渉の続きを聞いてみましょう。

●事例

S：わかりました。実を申しますと、弊社ではイベント会場の×××を所有しているイベント会社との取引がございまして、会場の手配の折には優遇してもらえることになっていると聞いております。金銭的な協賛は厳しいですが、会場の手配ならご協力できるかもしれません。

M：それは助かります。さっそく、ご提案の内容を上司に報告させていただきます。その上で、ご協力をお願いすることになるかと存じます。

S：私どもでも会場の件を取引先に確認しておきましょう。

M：上司の確認がとれましたらご連絡いたしますので、その際に次回のお打ち合わせの日時をご相談させていただけますでしょうか。
よいご提案をいただきありがとうございました。

どうだったでしょうか？　要するに、Mさんの会社はイベント会場の費用が不足していて、協賛金でそれを補完しようと考えていたわけですが、協賛金が集まらなくても、会場の手配できればその目的は達成します。

Sさんはその意図を読み取り、真の問題の解決策を提案したのです。

Sさんの提案は、取引先でありイベント会場を所有するイベント会社を経由することで会場費を抑えるというものなので、さらに追加対応策として何かできないかを検討することも可能です。例えば、展示関連工事も、Mさん側ではなく、このイベント会社でやったほうが安いかもしれません。

したがって、SさんとMさんの双方ともが十分に納得した結果だといえます。

ロジカル・ネゴシエーションというと、相手を論理的にねじ伏せ、トコトン打ち負かすかのように誤解している人がいます。論理的とは、屁理屈をこねたり、相手をだましたり、うそをついたり、やり込めたりすることではありません。ましてや、駆け引きに勝つことでも、だまし合いに勝つことでもないのです。

交渉〜実践編 STEP3

第6章　ロジカル・コミュニケーションで理解を得る

　相手の気持ちに訴えて、双方の話し手が納得できるようにすることです。「論理的」と「気持ちに訴えて」は一見矛盾するようですが、話し手が相手の気持ちの隙間に忍び込むのではなく、相手の心の琴線に触れる行為をすることなのです。そうでなければ、双方が納得することはできないでしょう。

◇ 取引先との商談～実践編 STEP1

次は、企画提案中の場面を参考にして考えてみましょう。

●課題

　X社は、レトルト食品を製造している準大手の食品メーカーです。T社は、食品スーパーをチェーン展開している会社です。そしてPさんは、その本部の仕入担当バイヤーをしています。

　X社営業部のYさんは、Pさんのところへ、来年の新商品発売と同時に実施する「お試しプロモーション」企画の商談に来ました。商品の発売日からしばらくの間、お試し期間を設定して、価格訴求と販促効果を考えた店頭プロモーションを実施する、というのが提案内容です。

　ところが、Yさんから説明を受けたPさんは、この提案にあまり乗り気ではありません。Yさんはさっそく交渉に入りました。どのような交渉をしたらよいのでしょうか？

●事例

Y：今回の新商品には自信を持っています。お試し期間中は、プライスダウンによる価格訴求効果と、一度食べていただいたお客様からのリピート率も、かなり期待できると思います。

P：でも、この内容だとちょっと考えてしまうんですよ。

Y：と言いますと？　何か問題があるのでしょうか？

P：問題というほどのことではないんですが……。少し無理があるかな。

Y：無理な点がありますか？　もしそうなら遠慮なくご指摘ください。できるだけご希望に沿えるよう企画を変更します。

　Pさんの反応に対して、なんとか自分の提案を受けてもらうために、Yさんは「何か問題があるのでしょうか？」と、その理由を「Why so?」で訊（聞）いています。

　また、さらにYさんは、それに対するPさんの答えに対して「何が問題なのか」を「So what?」で訊（聞）いています。

商談〜実践編 STEP1

第6章　ロジカル・コミュニケーションで理解を得る

●課題

「無理な点とは何なのか?」がわからない状態では、対策を考えることもできません。まずは、問題点を明らかにしながら上手に交渉を進めていきましょう。このあと、Pさんからどんな返事が返ってくるのでしょうか?

◆ 取引先との商談〜実践編 STEP2

それでは、レトルト食品メーカーX社の営業Yさんと、食品スーパーT社のバイヤーPさんの、プロジェクトに関する会話の続きを聞いてみましょう。

●事例

P：まず企画の商品ですが、これ全部というのはちょっとアイテム数が多すぎるんです。陳列する売り場が確保できないし、万一売れ残ったら、処分に困ってしまう恐れがあるからね。

Y：提案のアイテム数では多かったですか?　ご指摘いただきありがとうございます。それでしたらアイテム数を削ってもかまいませんので、ご希望をお教えいただけますか?

P：そうですね〜。既存品と新商品、合わせて15アイテムもあるので、これを7〜8アイテムにしてほしいけど、できますか?

Pさんが気乗りしていなかった理由は、アイテム数が多すぎる点と、そのために仕入量が増えてしまう点にあったようです。

この問題が解決できれば、企画は通りそうです。Yさんはこの商談をなんとかまとめたいと考えているとしましょう。

●課題

今度は、Yさんがどのように交渉を進めていくべきなのか、皆さんも少し考えてから、次ページの「セルフシート」に記入してみてください。

2つのポイント

❶今回発売する新商品の6アイテムは、すべてを企画として入れたい。
❷最初に提案した受注数量の70%は、なんとか確保したい。

セルフシート

Y「　　　　　　　　　　　　　　　　　　　　　　　　　　　　　　　」
P「それなら、私も新商品はもちろんやりたいと考えていますよ！」
Y「　　　　　　　　　　　　　　　　　　　　　　　　　　　　　　　」
P「全部は増やせないけれど、商品によっては多少なら大丈夫ですよ」

　この事例では、「マーケティングの4P」のProductとして「新商品」、Priceとして「プライスダウン」というキーワード、Placeとして「陳列する売り場」が出てきました。

　Yさんは、4Pをイメージして、残りはPromotionだと思い付き、プロモーションの1つとして、「重点販売」ということで「数量」に思いあたったようですね。

マーケティングの4P

商品（Product）	価格（Price）
レトルト食品の新商品	価格より数量が問題
販売促進（Promotion）	販売経路（Place）
新商品のPOP提供	・陳列する売り場の確保 ・デモンストレーション ・イベント

商談〜実践編 STEP3

◇ 取引先との商談～実践編 STEP3

どうですか？　レトルト食品X社のYさんを自分だと思って考えてみていただけましたか？

●例1

Y：7～8アイテムですか？　かなり厳しいですが、なんとかしたいと思います。できれば新商品は残してほしいのですが、それは大丈夫でしょうか？

P：それなら、私も新商品はもちろんやりたいと考えていますよ！

●例2

Y：もう1つは数量の件ですが、アイテム数が半分になると、発注数量も当初に比べて半分になってしまいます。そうなると当方の収支面で厳しくなります。そこで、各アイテムの発注数量を調整させていただきたいのですが、よろしいでしょうか？

P：全部は増やせないけれど、商品によっては多少なら大丈夫ですよ。

Yさんは、「新商品」という自分の基本的な考えは譲らずに主張しています。Pさんも「新商品」の重要性を理解しているのでしょう。あるいは、Yさんの主張でその重要性を再認識したのかもしれません。その結果、Yさんは、新商品の採用と受注数量の確保の2つのポイントを、上手に質問しながら確認していますね。

皆さんの考えはいかがでしたか？　ポイントを外していなければ、「例1」と「例2」の順序が違っていても問題はありません。自分の考えていることを相手にうまく伝えるのが、交渉の基本です。

この会話の続きを聞いてみましょう。

商談〜実践編 STEP3

ポイント1

半分に減らすのですか？
新商品は残せますか？

新商品はやってみよう。

ポイント2

アイテム数は減らしても、発注量は調整させてください。

全部は無理だけど、多少なら大丈夫。

なんとか企画はまとまりそうだぞ！

●事例

Y：それは助かります。受注数量○○ケース以上が、この企画の採算面から見た最小数量なのです。この数量が半分になると、当初のお見積価格でご提供することができなくなってしまいます。その点については、上司をなんとか説得してみます。

P：うちのほうでも大量の仕入は控えるようにという指示もあって、仕入数量がちょっと気になったんだ。でも、あなたのところの売上もあるだろうから、減量は無理かなあ…とためらっていたんだ。

　前項でPromotionという視点に気が付いたYさんですので、「新商品」ということを忘れずに交渉しています。アイテム数を減らしたために資金負担が軽減されることと、新商品のプロモーション企画ゆえの低い仕切り値という条件は、Pさんにもメリットがあるわけで、双方にメリットが出てきました。

Hint 「肉を切らせて骨を断つ」とか「三方一両損」という言葉があります。ネゴシエーションは、これらの言葉のような双方"痛み分け"よりも、双方にメリットのあるWin-Winの結果に至ることが望ましいですね。

◇ 取引先との商談～実践編 STEP4

　バイヤーのPさんは、問題点（仕入数量）をYさんに話そうかどうか、ためらっていたようです。最初の段階で、YさんがPさんに問題点を確認していなかったら、この企画はなくなっていたかもしれません。このあとどうなったのか聞いてみましょう。

●事例

Y：確かに、おっしゃるとおり厳しいですが、企画がなくなるほうがもっと厳しいので、ご指摘いただいて大変助かりました。さっそく企画を作り直してみます。来週早々には再度ご提案に伺います。

P：来週ということなら、金曜に電話をもらえますか？　それで日程の調整をしましょう。

Y：わかりました。それでは金曜にお電話いたします。

P：ところで、売り場で使える販促物は用意できますか？

Y：もちろんです。同時に御社とのタイアップ企画として、店頭でのデモンストレーションやイベントもご提案できますが、いかがでしょう？

P：なるほど、それはなかなかいいね！　次回に詳細を聞かせてくれますか？　内容次第では、実施店舗をリストアップして検討することにしましょう。

Y：では、来週の商談のときに、この件の詳細もご説明させていただきます。

　Yさんは、なんとか無事に交渉を進めることができました。

　Pさんの問題としていたことを訊（聞）き出し、合意点を探しながら進めているのがわかりましたか？

　このケースでは交渉がスムーズに進んでいますが、このようにうまく進展しないことも多々あります。自分の希望はほとんど通らず、相手に一方的な主張をされることも少なくありません。また、取引先との力関係によって交渉が左右されることも考えられます。

　相手の考えていることをよく聴（聞）き、タイミングを見て交渉を進める、という状況判断も必要です。

▼例えば、こんなケースも…

　つまり、自分の考えのみを伝えても交渉にはならず、また自分の考えを相手に伝えていかなければ、やはり交渉にはなりません。双方の考えの合意点を探していくのが、交渉の基本だといえるでしょう。

　事前の準備は何事においても重要です。次ページの例のような、**6W3H**によるマトリックスで事前に対応策を検討しておけば、交渉をスムーズに進められ、場合によっては自分に有利な展開も可能かもしれません。

　ロジカル・シンキングには、「問題の発生を防ぐ」、「たとえ問題が起きてもすぐに対応できて影響を最小限に抑えられる」、などのメリットがあることも忘れてはなりません。

> **Hint**
>
> 　チームリーダーとメンバーの間で、コミュニケーションがうまくとれない原因としては、指示・命令を出すリーダー側の説明不足や言葉足らずと、指示・命令を受けるメンバー側の理解力の不足があります。
>
> 　指示・命令を出す立場にいるときは、モレがないか、重要ポイントは何か、を強く意識します。
>
> 　相手が顧客や上司などの場合、「相手の立場に立って考える」ことは重要ですが、自分の立場もあります。言葉だけでは意図が正確に伝わらないことも多いので、文書やプレゼンテーションソフトを補助的に使うとよいでしょう。

6W3H による商談準備表の例

顧客名：ABC 印刷製本株式会社　　　　　　　　　　　　　　　　令和○年○月○日

項目	何をするか	課題	対応策
WHAT	製本機械全般。	これまでに実績がない。	1 台目は広告宣伝と考えて値引きで実績を作る。
WHY	事前調査によると ABC 社は、小ロットの事務用印刷物は外注に出していた。内製化による利益率改善を提案したい。	ABC 社の事務用印刷物の売上シェアは高くない。	事務用印刷物での実績が売上の上乗せになることを強調する。
WHEN	今週中に訪問して、当四半期内に取引を開始したい。	先方の意向が不明瞭。	できるだけ早期に初回訪問を行い、当社商品のよさを実感していただく。
WHERE	自社空白市場である中央区北部に実績を作りたい。	企業が多いにもかかわらず、事務用印刷物市場での実績皆無。	中央区における中型紙折機他の実績を事例として紹介する。
WHO	当社社長の後輩が、ABC 社の会長をしていることから、キーパーソン紹介を受けてアプローチをする。	キーパーソンがどのような人なのか不明。	当社社長に先方の会長にお会いいただく。
WHICH	新製品の小型高速電子制御紙折機を突破口として折衝開始する。	新製品のため、当社の売上台数も多くない。	電子制御による精度の高さを強調する。
HOW	キーパーソンに電子制御のすばらしさを見ていただくために、デモ機持ち込みで実演する。	キーパーソンとのアポイントがまだとれていない。	早急にアポイントをとり、ABC 社営業パーソンと顧客へ同行し、精度の高さと操作性から紙折り単価を抑えられることを同社顧客にも知っていただく。
How Much	2 台目以降は通常価格とするが、1 台目は中央区北部市場初の実績となるために宣伝広告を兼ねて大幅な値引きを提案する。	先方の予算不明。	当社社長より、ABC 社会長からそれとなく情報をとっていただき、確実に受注できるような見積を提示する。
How Many	初期 1 台を実現し、よさを理解していただいてから、3 台以上を年度内に販売したい。	実績皆無のために、計 4 台が適切台数かどうか不明。	ABC 社の事務用印刷物のニーズをできるだけ早期に把握する。
備考	会長への手土産を準備しておく。	会長の趣味・好みが不明。	人脈を駆使して、探り出す。

おわりに

最後までお読みいただきましてありがとうございます。

ロジカル・シンキングが、ビジネスパーソンはもちろん、学生や主婦などあらゆる方にとって必要なスキルであることをお感じいただけたでしょうか。あるいは、「手順が多い」「難しそう」「そこまでしないといけないの？」といった感想をお持ちになった方もおられるでしょう。

「理系の人は論理的な思考が得意で、文系の人は苦手」ということをよく聞きます。一般的にはそういった傾向があるとしても、「習うより慣れろ」といいます。本文中で何度か「使いながら体得する」と述べましたが、これは筆者自身の体験から痛感したことです。筆者自身も、ロジカル・シンキングを実践しながら、ロジカル・シンキングそのものを進化・成長させてきたので、ロジカル・シンキングも筆者自身も、まだまだ成長過程です。使えば使うほど、自分がロジカル・シンキングを使いこなせるようになってきたと感じます。ロジカル・シンキング・ツールを意識して使い続けているうちに、やがては、ツールなしでもある程度のレベルまでは論理的思考ができるようになってくるでしょう。

筆者は中堅・中小企業から大企業まで様々な会社で、コンサルタントなどプロの先生方の前で、あるいは公共機関などで、延べ数百時間に及ぶロジカル・シンキング関連の講習会・研修会・講演会で講師をしたり、書籍その他の執筆をしたりしてきました。過去のレジュメや執筆したものを見直しますと、その内容が、回数を重ねるに従って進化してきていることを実感します。ロジカル・シンキングそのものの体系も、ロジカル・シンキングをスキルとして体得する方法も、進化を続けています。

ロジカル・シンキングを追究している中で、ロジカル・シンキングだけではなく、クリティカル・シンキング（批判的思考）についても自分なりの体系を作り上げてきました。

国内だけではなく、韓国語や中国の翻訳書も出版されるようになり、ロジカル・シンキングやクリティカル・シンキングなどが、海外でも必要性が高まっていることを感じます。

　近年は、コンサルタントなど経営の専門家の方々に対するロジカル・ライティングやロジカル・プレゼンテーション、ロジカル・コミュニケーションなどの指導を求められるようになっています。

　それらの体験を通して、論理思考関連のスキルの必要性は今後もますます高まるに違いないと確信するようになりました。読者の皆様が、ロジカル・シンキングを核にして論理思考力を高め、それぞれの分野の発展にますます貢献されることを切に願っております。

2023 年 3 月　今井信行

索引

I N D E X

296

●著者紹介

今井 信行（いまい のぶゆき）

　アメリカ留学で経営学、マーケティングを学び、日本の商社で事務機器、印刷機器等の輸出入業務や新製品開発と市場導入などを担当。ニューヨーク駐在所長、アメリカ法人役員などを歴任の後、経営コンサルタントとして独立。(有)グロマコン代表取締役等として、マーケティング重視の経営戦略支援を展開。

　パソコン揺籃期から中堅・中小企業のパソコン活用を啓蒙し、今日のICT経営管理の先見性を持った経営戦略、営業マーケティング戦略、管理会計思考のデータ管理を中心に、国内だけでなくグローバルなコンサルティング活動を顧問先現場に入り込んで実施。

　近年は、日本のコンサルタントの地位向上、若手コンサルタント育成に力を注いでいて、「コンサルタントのためのコンサルタント」と呼ばれる。『図解ポケット　ロジカル・シンキングがよくわかる本』、『あたたかい管理のための 管理会計の教科書[営業・マーケティング編]』(秀和システム)、『Windowsパワーテキストシリーズ 三四郎Ver.1.1for Windows』(日経BPマーケティング) 他著書多数。講演・研修実績多数。日本経営士協会会長他を歴任、同協会の名誉会長やその他各種の要職に就いている。

本文イラスト　タナカ　ヒデノリ

図解入門ビジネス
最新ロジカル・シンキングがよくわかる本

発行日	2023年 4月 1日	第1版第1刷

著　者　今井　信行

発行者　斉藤　和邦
発行所　株式会社　秀和システム
　　　　〒135-0016
　　　　東京都江東区東陽2-4-2　新宮ビル2F
　　　　Tel 03-6264-3105（販売）Fax 03-6264-3094
印刷所　三松堂印刷株式会社　　　Printed in Japan

ISBN978-4-7980-6889-3 C0034